JN087879

易學入門

序

多少とも東洋の思想学問に志ある人々ならば、「易経」を読みたいと思わぬ者は無いであろう。儒教・仏教・道教・神道等、いずれの道を進んでも、必ず易に関連を持つし、そういう専門的研究はしばらく舍いても、人生の経験を積んで、ある年齢に達すると、易を窺いてみたくなるものである。要するに型に嵌まった、無味乾燥な講壇哲学や、個人の貧弱な経験と頭脳から搾り出した煩瑣な理論文章などでは、どうも心情が満たされず、民族の歴史の潮流に棹さして、永遠の青山白雲を見るような、我々の心露に響く感動の籠ったものを読んで、考えたいと思うのは、何人もの胸底に在る願いである。そうなると、さしずめ、この易に心を潜めるのが、古来賢者の常であった。それが長く後進にとって堪らない魅力であったのである。

然るに、易は専門の漢学者に独占せられ、或は所謂易者の極めて非学問的な取扱いに委ねられて、今日に至るも殆ど一般の知識人・読書子にはこれを学ぶ適当な道が拓けていない。直接「易経」を読んだのでは、何のことだか、わけもわからないし、解説註釈の類も旧式で、どうも五里霧中の感を免れないとは、異口同音に洩らす歎きである。私自身も随分それで苦しんだ。漸くそれがわかりだすにつれて、妙味は次第に深くなり、他の学問が身につくに従って、易の偉大さがまたしみじみ味われるようになった。そのうちに懇請せられて幾度か「易経」を講じてみたが、そのたびに聴講者の熱心さにいたく感じさせられるものがあった。外国から訪ねて来た東洋文化の研究に熱心な人々の中にも、何か自分らにも理解に便利な良い解説書が無いかということを一再ならず尋ねられた。そこで微力その任ではないが、この深山幽谷に遊ぼうとする人々の為に一人の強力(ごうりき)の役を自分で行ってみよう、近代の教育・学問で育った人々が何とか跟(つ)いて来れるような入門書を作ってみようと、かねて志したのであるが、さてとなると、これは容易ならぬことで、一方代々の専門的研究を吟味すると同時に、近頃益々盛んになった考古学的研究、甲骨金文の方も検(しら)べねばならず、他方日新の社会科学・自然科学的方面をも参考しなければならない。非常な努力と時間を要する問題で、暇を作っては諸書を渉猟(しょうりょう)し、メモを書きつけたりしている中に、いつしか数年を経過して、備忘のノートが徒(いたずら)に重なるばかりであった。それに内外の時局も愈々(いよいよ)多事多難になって、主宰してきた師友協会も全国的組織となり、日常の煩忙は加わるばかりである。余り重くない、熱も痛みもないような、都合の好い病気にでもならなくては、何ともしかたが無いと笑談にまぎらしてきた。

今年になって、物情騒然たる情況が日々ひどくなり、余りに世上の言論行動が狂躁を激しくするにつれて、その中に明け暮れする生活に、いかにも疲れと荒(すさ)みを覚えて、ふと自分自身の内面的摂養の為にも、かねての企図を実行しようと一念発起したが、何としても時間が無い。結局七月三十一日に宇治における全国師道研修会を終り、九月二日に東京において全国青年研修大会を始めるその間、八月一杯を、万事抛擲して専心従事する外はない。たった一月では余りに短かすぎるが、幸に多年の研究ノートもあることだし、不眠不休の勢で力行すれば、何とか恰好をつけるぐらいのことはできよう。そう決心して、八月強引に談判される諸行事を喧嘩腰で一切謝絶し、靖国寺を下山して、深更東京に帰省したその夜半から始めて、この「易学入門」の執筆にかかった。

すでに疲労が積っている上に酷暑で、構想や叙述がうまく捗らず、そこへ煩わしい人事がやはりつきまとって、最初は到底だめかと思ったが、疲れては少睡をとり、或は夜中の二時三時まで、或は未明の三時四時から起坐して、精力を傾注し、斯学の入門の為に必要と思われる重要事項を選んで、繁雑を去り、解説に意を用いて、ちょうど易学研究の一種の濃縮エキスを予定の通り八月一杯で書きあげることができた。心中・ひそかな楽しみを抱いて行ることであるから神気は冴えるが、肉体はさすがに憔悴した。さて筆を擱いて検すると、甚だ不備不満な点が多く、残念であるが、補正は垂教を得て他日を期する外はない。只こういう次第で、一気呵成に成し遂げたものであるから、いささか情熱を行間に留め得た感がする。

もしこの小著によって、現代知識人の為に、名の通り易学の門に入る険道が、いくらかでも新しく拓けたことになれば、この上の悦びはない。

元来易は政治外交の道であり、それは結局倫理道徳に帰し、その人間の倫理道徳は究竟偉大な自然の法則と合致すべきことを明らかにしたもので、西洋流に言えば驚嘆すべき cultural and social dynamics ともいうべきものであり、The kaleidoscope of life 人生の万華鏡を解釈する妙理である。

これからも益々心ある人々のこの学に游ぶ者は多くなろうと思う。

本書の索引・校正・装釘等について佐藤光生・坊野芳子・山口勝朗・小林日出夫・佐藤大和諸氏に熱心な御助力を得たことを謹んで感謝する。

昭和三十五年九月三日

安岡正篤

目次

序
序説
易の根本思想
古代人と天……15
天人合一観……17
生……18
生動と幾……20
性命・運命・命数……24
陰陽相対（待）性原理……29
五行相生相剋説……34
数……40

太極と中……42

「易経」の生成

中国史の曙——殷（商）より周へ……45
殷周と卜筮……48
「易経」の成立……51
十　翼……54
易の六義……55
太極より六十四卦へ……57
卦爻と変化……60
筮法と占例……68
研究案内……72

「易経」本文の解説

周易上経（上経三十卦）

乾（けん）　発動・開顕（分化発展）の原則……79

目　次

坤（こん）　守静・成物（統一含蓄）の原則……84
屯（ちゅん）　草創のなやみ……87
蒙（もう）　未開発の状態……88
需（じゅ）　待望・需要……90
訟（しょう）　矛盾・訴訟……92
師（し）　集団と闘争……94
比（ひ）　親附と派閥……96
小畜（しょうちく）　進歩と内省……97
履（り）　実行の原則……98
泰（たい）　発達と安泰……100
否（ひ）　ゆきづまりと打開……102
同人（どうじん）　同志の結集……105
大有（たいゆう）　勢力の培養……106
謙（けん）　謙虚の徳用……108
豫（よ）　自適の道……110
随（ずい）　順応と自得……112

蠱（こ）　難問題の処理……114
臨（りん）　対外活動……116
観（かん）　国民教化と自戒……118
噬嗑（ぜいこう）　罪と責……120
賁（ひ）　文化の原則……121
剝（はく）　退勢の極致……124
復（ふく）　回復の原則……126
无妄（むぼう）　自然の運行……128
大畜（たいちく）　大事と実力の蓄積……130
頤（い）　欲望の問題……131
大過（たいか）　大事と耐忍……133
習坎（しゅうかん）　意志の原則……134
重離（ちょうり）　理性の原則……136

周易下経（下経三十四卦）

咸（かん）　感応の理・恋愛……139

恒（こう）　永久の道・結婚……141
遯（とん）　解脱の道……143
大壮（たいそう）　大勢と善処……146
晋（しん）　成功の道……147
明夷（めいい）　不遇の道……149
家人（かじん）　親愛の道・家庭生活……151
睽（けい）　同と異……152
蹇（けん）　難境と不和……154
解（かい）　問題の解消……155
損（そん）　克己と統制……157
益（えき）　自由と委任……158
夬（かい）　大勢の決行……161
姤（こう）　新たな遭遇……163
萃（すい）　人物の集合と異変……165
升（しょう）　時運と発達……168
困（こん）　困窮の処置……169

井（せい）　自我の深修……171
革（かく）　革命の原則……173
鼎（てい）　革新調整の道……176
洊雷（せんらい）　異変と戒慎……178
兼山（けんざん）　無私と知止……180
漸（ぜん）　進歩の段階……182
帰妹（きまい）　終りを全うする道……184
豊（ほう）　豊満に処する道……186
旅（りょ）　移動の道……188
重巽（ちょうそん）　先輩に従う道……190
麗兌（りだ）　親睦講習の道……191
渙（かん）　大事と公私……194
節（せつ）　人事と節義……196
中孚（ちゅうふ）　誠と反応……200
小過（しょうか）　分を守り足るを知る道……201
既済（きせい／きさい）　有終の道……203

未済（びせい／みさい）　無終の道……205
周易本文……208
索　引……268

本書は、昭和三十五年十一月十日初版発行の「易学入門」を新組にしたものである。改版にあたり次のようにした。

一、本文の旧字・旧仮名遣いは、新字・新仮名遣いに改めた。

一、固有名詞や読みにくい字には適宜読み仮名（ルビ）を増やした。

一、書名及び引用文は「　」で括った。

一、巻末の「易経」原文は、旧字を新字に改め、読み下し文を加えた。

序説

易の根本思想

古代人と天

太古の天地を洪荒というが、よくそのさまを表している。洪は大水であり、氾濫であり、圧倒的な大がかりである。荒は調和や秩序のできていない、あらあらしく、すさまじい様である。今にくらべれば、天は限りなく高く、地は限りなく広く、日は更に大きく、星月のきらめきは凄く、山々は厳しく、森林は暗く、雷電は激しく、風雨は強く、寒暑も烈しかったであろう。その中に在って太古人は常に無限の驚き・恐れ・疑い・惑いを抱いて生きた。然しそれが人間文化の原動力となったのである。

僕は唯一つ不思議な願いを持っている。それは恋愛でもない。大科学者・大哲学者・大芸術家・大宗教家になることでもない。理想社会の実現でもない。実は「驚き」たいという願いだと国木田独歩がその小説「牛肉と馬鈴薯」の主人公に叫ばせている。近代人はだんだん驚かなくなって現代に至った。それがいかに憂うべき堕落であるかということに気づいた学者達が、今首垂れて考えこんでいる。

独歩の、この小説の主人公が、現代の最も思慮深い人々の姿である。

カントの墓標に刻まれた Der bestirnte Himmel über mir, das moralische Gesetz in mir.「上なる星空、衷なる道法」は人間が永遠に失ってはならない妙心である。この天籟 the celestial passion* ともいうべきものが、東洋文化の真髄なのである。

＊ 星夜の感とも訳されるR・ギルダーの詩題であるが（拙著「照心詩話」訳載）、特にこれを引用したのは、"celestial"は「天の」、「神聖な」意味の形容詞であると共に、名詞にしては天人 heavenly being となり、古い教養ある西洋人は諧謔に、中国人をさしていう。Chinese を同じCの字にかけて、もじったのである。たしかに当っている。中国人は（極東民族すべてに通ずることであるが）終始「天」から離れずにその生活と文化とを作りあげてきた。何かにつけて「天」という言葉を使うものだからである。

古代人はまず天の無限なる偉大さに感じた。やがて、その測ることもできない創造変化の作用を見た。そしてだんだんその造化の中に複雑微妙な関係（数）があること、それは違うことのできない厳しいもの（法則・命令）であり、これに率い、これに服してゆかねば、生きてゆけないもの（道・理）であることを知った。殷（商）の時代には、天は万物の創造者であり、支配者であり、生殺与奪の権を握る絶対の権威者（帝・上帝）と思う考の方が強かったようである。然し周代以降、人々はこの天を他民族のように余り人間化することをしなかった。このことはいろいろの意味で、深く注意すべきことである。

天人合一観

偉大にして神秘な天地に対する驚異と、敬虔な感情、所謂 the celestial passion（前章参照）から発達して、天地から離れ、天地に背いて、人間独自の世界を開く、従って人は自然を征服するのだというような矛盾闘争的な考え方ではなく、どこまでも天地自然を諦観し、これに順応して、その中に厳正な法則を発見し、人間自身を反省して、人間社会の存在・法則を天地自然と一致させて、天人一体になって渾然と生きてゆこうというのが易の根本精神である。

「易は天地と準ずる。故に能く天地の道を弥綸する」。「天地と相似たり。故に違わず」。「天を楽しみ、命を知る。故に憂えず」（繋辞上）などという観点が随処に説かれている。天行は健――君子以て自彊息まず（乾卦大象）である。地勢は坤（坤は物の成育を表す）。君子以て厚徳・物を載す（坤卦大象）である。明・地上に出づるは晋なり。君子以て自ら明徳を昭らかにする（晋卦大象）。海・潤くして魚の躍るに委せ、天・空しうして鳥の飛ぶに任す――これ大丈夫の度量である。衣を振う千仞の丘。足を濯う万里の流――これ大丈夫の気節ではないか。珠・沢に蔵れて自ら媚しく、玉・山に韜まれて輝を含む――これ大丈夫の蘊藉（含蓄）でなければならぬ。月は到る梧桐の上。風は来る楊柳の辺――これ大丈夫の襟懐であろう（林羅山の座右の銘）。

湖北の鹿門山に隠れて自由生活を誇りにした唐の皮日休は傲語している。「頽然として思う無し。天地の大順を以て提封と為す。傲然として持せず。洪荒の至化を以て爵賞と為す」(「酒中十詠序」)と。浮世のくだらぬことなど皆なくなってしまって何思うこともない、俺の領有は悠々たる大順の天地だ。人間の地位や褒賞が何だ、そんなものは一切要らん。俺の爵賞は万物を生成してやまぬこの宇宙を与えられておることだ――というのだが、東洋人たる吾人には何とも言えず愉快である。生きるならば喬松の如く太陽に向って呼吸するのである(漢・王褒・聖主得賢臣頌、煦嘘呼吸如喬松)。黄帝・天下を有し、号して自然と曰うは、独宏大なる道徳なるなり(「白虎通」号)。これらが易の道徳思想、東洋道徳観の本質である。区々たる人間的・社会的約束・規制を道徳と心得て、どうのこうのと泣言を言っているような後世の小人の愧死すべきものである。

生

易は徹底した生の哲学である。もっと適切には生の化学(もちろん科学の生化学とはちがった、独特の意味での)である。驚くべき「生動学」ともいうべきものである。天地万物の「生」を尊重して、これを育成してゆくことが主旨である。「天地の大徳を生と曰う」(繋辞下)。「生々之を易と謂う」(繋辞上)のである。

仏領赤道アフリカのランバレネの上流八十キロ、ロゴエ川の畔、イジェンジャ村の三つの島の前で、一九一五年九月のある日、私は豁然（かつぜん）として、生を貴ぶということが善の根本であるという悟りを得た——A・シュワイツァーは彼の自叙伝に書いている。彼は今や世紀の偉人と敬慕されている哲人であるが、二千年の後も、二千年の前も、真理に変りはない。いかに生くべきか。いかに生かすべきか——これが易である。生は天地の大徳なのである。

生は生であるから不死である。生理学・細胞学の研究によれば、細胞は本来不死であり、従って単細胞生物は本来不死である。滴虫類の一種ダイレプタスはいくら細分しても、再生作用が行われ、その切放された微小部分が運動を始め、やがて円形になり、特徴である鞭毛が現れ、二時間もすれば、また新たな一のダイレプタスとなる。事実上は二、三十分の一以下に切断されると死んでしまうが、それは切断の際の損傷の為であって、それがなければ無限の生命力・箇体再生能力が蔵されている。海綿を細い裏ごしにかけ、バラバラになった細胞の一塊も、漸次幾つもの群を成し、海綿の幼虫が形成され、終に海綿の成虫となる。みみず、ごかいの類皆同様である。彼等は不死であるが、餓えや凍えや、その外自分の作りだす副生産的中毒の結果、老衰死滅する。

メチニコフは誰が自然死で死んだであろうかと言っている。高等動物になるにつれて、細胞や身心の分化が盛んになり、身体内のある種の細胞やその群、組織の一団が、他との調和を破って放縦驕恣（ほうじゅうきょうし）になる。また欲望・煩悩が起って、その為に老衰し死亡するのである。ロンドンのウエストミンスター寺院に葬られている有名なトーマス・パールはイングランドのシュロップシャーの百姓で、百三十まで耕作した後、ロンドンに出て、百五十二歳九ケ月で腸を病んで死んだ。ノルウェーのドラーケンバーグは一七七二年、百四十六歳で亡くなったが、九十一まで海上生活をしておった。一八〇九年十二月五日、百二十歳で死んだドフネル博士は百二歳で再婚し、三人の子を作った。不老不死もまた根拠の無いことではない。

生動と幾

すでに説いた通り、易は宇宙人生を渾然として全きもの、現代知識人の理解を容易にするため、西洋的思惟・表現を仮るならば "the complete whole" として見る。それは無内容なものではなく、万有の遍満 plenitude であり、万有は偉大な連鎖 The great Chain of Being である。その著しい思想的特徴の第一は、単なる概念や論理の静態的 static な観察ではなく、生々とした力を持つ動態的 dynamic, kinetic なものであること。

第二は、定型主義・画一主義 uniformitarianism ではなくて、限りなき変化、創造即変化を認める diversitarianism である。

第三は、機械的定則 mechanical regularity ではなく、有機的統一 organic unity を旨とする

organicism ことである。

そこには深い形而上学的思想と同時に、偉大な芸術性 romanticism がある。*

＊ これらの解説については、一九三三年、ハーバード大学で行われた A.O.Lovejoy 氏の連続講演 The Great Chain of Being に得る所があった。

思想学問というものは、とかく型に嵌(は)まりがちである。無限の内容を含んで、変化してやまぬ実在に対して、頭脳のはたらき（悟性）によってある立場から物の一面を観察し、抽象して得た概念を論理によって操作してゆく思考は、容易に実在を遊離して、機械的な、独りよがりのことになってしまう。知的生活の魅力はその安易性であることを私は認める。それは現実の複雑性に代えるに、単純な知的図解を以てすることである。生の処し難い動きに代えるに死の静止的形式を以てすることである。いろいろな具体的事実を呑みこんで、友人や妻や子供と満足に関係を保つことよりも、美学とか、形而上学とか、社会学とかについて大した思想を持つことの方が、比較にならぬほど容易なことであるとオルダス・ハックスリーもその随筆に告白しておったが、これは古今に変らぬことである。

人間の生活も案外速く純真な生動性や多面性・変化性を失って、平板で単調なものになり易い。ダーウィンの自伝に、自分は三十歳頃までは詩や史劇を喜んで読み、画も好き、音楽も夢中になって聞いたが、その後一行の詩さえ、じっと読めなくなり、シェークスピアなども、到底堪えられぬほど退屈で胸が悪くなり、画や音楽に対する趣味も、もはや殆どなくなっている。美しい景色を解する心は今でも幾らかあるが、以前ほどの強い悦びはもう感じない。私の心は山ほど多くの事実から一般法則を引き出す一種の機械となってしまったらしい。同じ脳髄の一部でも、比較的高級な趣味を育てる彼の部分だけを何故私の心が萎縮させてしまったのか私にはわからない。こうした趣味を失うことは要するに幸福を失うことであり、人間性の情緒的な部分を弱めることによって、恐らく頭のはたらきにも有害となり、道徳的品性には恐らく一層の障碍となるかもしれない——と嘆いている。

単調になり、型に嵌まった機械的活動のくり返しになることは生の衰退で、やがて停止する。生を一つの線とすれば、それは無数の点から成っている。その点は決して大きさの無い、内容の無い点ではなく、内に無限の内容・組織を持っている。原子の中でも素粒子が盛んに活動しているように、その点は他に対し、全線に対して、活溌に反応している。他に対し、全体に対して、大きく響く点を「機」といって、易は特にこれを重視するものである。個人の生活も、商売も、政治も、すべて皆機によって死活し、盛衰するということができる。「幾は動の微、吉の先ず見るる者」（繋辞下）である。機を知って、能くこれを活用すれば、大いなる創造変化をなしとげることができる。原爆の製造のようなことはしばらく置いて、庭前の草木を考えよう。植物の種の発芽する頃は栽培家にとって一の好機である。その頃植物は異常に機動性が高まっており、最も環境の条件に感じ易い。この機を外さず手を加えれば、発育上にも性質にも大きな変化をもたらすであろう。

病にも死機と活機とがある。日本漢方の画期的大家である吉益東洞[*1]がまだ無名の頃、偶然ある商家の病人を診察し、主治医の薬を見て、これで結構、不日治るであろうが、今日からこの中の石膏を一味だけ抜いて用いるがよいと言って去った。その後に来診した主治医は高名な山脇東洋であったが、診察を終って何か頻に考えこんでいる。家人が恐る恐る先刻の東洞の話をしたところ、膝を打って東洋は、自分は今その石膏をどうしようかと考えていたのだ。それは凡ならぬ人物だと感心して、帰途直に駕を枉げて東洞の貧居を訪問した。

この機を捕えて活眼を開かせる手段を機略といい、その鋭さを機鋒という。禅家が得意とする所である。「禅僧の法門は、教家の如く習い伝えたる法門を胸の中にたくわえ、紙の上にかきつけて、展転して人に授け与うることなし。ただ機に対する時、直下に指示するのみなり。これを覿面提示と名づく。撃石火・閃電光にたとえたり。その蹤をもとむべからず[*2]」とはよく言い表している。禅の祖師達は大抵易を学ばぬはない。

＊1　荒木正胤著「漢方治療」

＊2　足利直義・夢窓国師「夢中問答」

商に商機あり、政に政機あり、商機を知らず、政機を知らずして、商売や政治に成功することはできない。

易は最も機を重んじ、機を知り、機を捕えて、変化の妙用に参じ、霊活な行動をとろうとする者である。「君子は幾を見て作す。日を終うるを俟たず」（繫辞下）。「夫れ易は聖人の深を極めて幾を研く所以なり。唯深なり、故に能く天下の志を通ず。唯幾なり、故に能く天下の務を成す。唯神なり、故に疾からずしてしかも速やかに、行かずしてしかも至る」（繫辞上）といい、「機を知る夫れ神か。君子・上交して諂らず。下交して瀆れず。其れ幾を知るか」（繫辞下）と論じている。六十四卦・三百八十四爻悉く研幾を旨とするものである。

性命・運命・命数

易が生の哲学、生の化学、生動学ともいうべきものであることは已に説いた。万物の生は、次第に感覚・意識・精神・心霊を生じ、人間に至ってそれが高度に発達した。精神・心霊は人間だけのもので、他の生物にはそれがないと思うのは、人間の慢心であり、不覚であり、無学である。もちろん人間の精神・心霊がそのまま他の生物にあるというのではない。そんなことは造化の理に合わない。それなら造化にならないわけである。そうではなく、人間の精神・心霊をそうあらしめておる本質的なもの、太極が万物にあるということである。それは学問の未熟の故にまだ無極であるというにすぎない。科学がだんだんその無極を太極たらしめる努力をしている。核に次ぐ重要な細胞器管であるミトコンドリアは植物細胞には無いとされていたが、今では植物にもちゃんと存在していることが証明された。こういう点からは動物と植物との区別は無くなっている。

生はそういう広い意味において心を持っているところから、立心べん即ち忄をつけて、性という。性はつまり天・造化――道の成長である。「一陰一陽之を道と謂う。之を継ぐ者は善なり。之を成す者は性なり。仁者は之を見て之を仁と謂い、知者は之を見て之を知と謂い、百姓は日に用いて知らず」（繋辞上）である。

人間の考えるような、何ものに依ってでもない、何の為でもない、天・造化絶対の作用を「命」という。生は生命であり、性命である。何故何の為に生れたかなどは心の問題で、物思うということも、何故、何の為に物思うかではなく、物思う、即ち、我れ在り cogito ergo sum 我れ在り、即ち物思うのである。長者の言いつけ、国家の法令は不服を許さない絶対的なものであるから命令である。この子はかくなければならぬ、こうさえあればよいのだという絶対的意味で名をつけるのを命名という。始めての子だから太郎だ、寅年に生れた男だから寅男とつけるなどは、断じて命名ではない。附名にすぎぬ。何の主義信念もない、ふらふらした人間ではなく、真実で、かけがえのない、即ち誠の絶対的な人物を、日本の国学では、まこと――みことと謂って「命」の字を適用している。

性命は天の作用であるから天命である。不断の活動、偉大なる循環という意味が「運」であるが、「命運」「運命」はそれによって明らかであろう。

易は数である。命もまた数である。数は造化の行われる中に存する複雑微妙な因果の関係、plurality of causes and mixture of effects ということができる。運命の進展が人間の意外な境遇を作ることを「数奇」という。主として悲劇的な場合に使われる。尾張中村の微賤な出身の少年藤吉郎が天下取りの太閤秀吉になったというようなことは数奇に相違ないのであるが、数奇と謂わず、明の太祖の愛孫に生れ、その位を嗣いだ建文皇帝が、叔父燕王棣（てい）（永楽帝）の叛に敗れ、円頂緇衣（えんちょうしい）の身となって天下を流浪したような、貴族富豪の家に生れ、虚栄と贅沢に育った娘が運転手と恋仲になり、うらぶれはてて、バーに媚を売るというような運命を数奇というのである。

二十で死んだ、百まで生きたというような年齢は、命数の一ではあるが、それに限るものではない。その命とか数とかを、予めきまりきったもので、動かすことのできないものときめこんでしまい、自主自由の意思を失う者が実に多い。これを宿命観という。これほど尤（もっと）もらしくて、根本的な誤りはない。人間の存在や活動、利害得失・栄枯盛衰等がすべて運命である、予定されておるのであって、どうにもならぬものと考えることは、宇宙・人生を全く機械化し、固定させる機械観であって、それでは造化にならない。命は絶対ということは、自律・自慊（じけん）ということで、他力・他律の否定である。運命と称して機械観を持つことは全く矛盾といわねばならぬ。運命は宿命ではない。

むしろ運命はわからぬというのが本当である。生はわからぬ。生きねばわからぬ。わかることは生きることである。運命に順って運命がわかる。その運命は不断の化である、大化である。その数・その理を知って、生き化してゆくのが易であり、易学である。若いうちから悪(わる)固まりせず、「五十にして四十九年の非を知り」(「論語」蘧伯玉故事)、六十にして六十化(「淮南子」同)するのである。海老(えび)は死ぬまでよく殻を脱いで、常に溌剌(はつらつ)としておるから、永遠の若さの象徴として珍重される。

「聖人の易を作るや、将(まさ)に以て性命の理に順わんとする」(説卦伝)のである。

凡(およ)そ天地の間に存在するいかなる微物も、その中に含まっている素質能力がどんなものであるかということは容易にわからない。否、限りなく微妙である。物質は原子から成り立ち、原子に核があり、核爆発が人類を亡ぼす力があるなどと、過古の人間の誰が考え得たであろうか。木や竹からパルプを作り、紙を作ることができる。牛の乳から着物を作り、器材が作れるのである。草の根・木の皮が、高価な新薬になり、蚕の糞や、水藻の粉が、最も新しい科学的興味の対象となる。蚯蚓(みみず)は偉大な土地改良家であり、埃及(エジプト)文明はナイルのミミズに負う所が大きいといわれ、日本の山野に蔓生する葛がアメリカ南部諸州の旱魃による農地の破滅を救ったのである。

良医は牛の溲(しゅう)(牛の小便)、馬の勃(ぼつ)(馬のくそ)、敗鼓の皮も薬籠中の物とするが(韓退之・進学解)、まして人間においてをやである。苟(いやしく)も万物の霊長といわれる人間であってみれば、その人にいかなる素質能力が伏在潜蔵しているか、それこそ偉大な課題であろう。その性能を開発して、人生・社会・天地の為に必要な仕事(務)をするのが人間の意義であり、使命である。これを「命を知る」、「命を立つ」という。「易経」にも、「夫(そ)れ易は何する者ぞ。夫(そ)れ易は物を開き、務を成し、天下の道を冒(*つと)む。

斯の如きのみなる者なり」（繋辞上）といっている。

＊ 通説は「冒」をおおうとするが、説文に示す通り、冒（ぼう）は勖（ぼう）（きよくとするは非）に同じく、勉むとよむべきである。

元来道徳とは偉大な造化のことであると前に〔本書「天人合一観」参考〕説いておいたが、易は運命論から言えば、正に説卦伝に説いている通り、「道徳に和順して、義に理あらしめ（理於義）、理を窮め、性を尽して以て命に至る（至於命）」ものである。理於義の原文を日本の諸書は簡単に「義を理（おさ）め」と読み去っておるが、それではとんとおもしろくない。原文はわざわざ理於義と、於を入れて理の字を用いているのである。義は実践であるから、実践には哲学がなければならぬ。それを表したものであることを知って、始めて妙味がある。

明の袁了凡（えんりょうはん）が少年の頃、占翁に運命を占われたが、爾来受験・及第・仕官・妻子等すべて的中せぬはなく、すっかり感じ入ってしまった彼は、全く宿命観を抱いて、幸にもその為に世間の有象無象（うぞうむぞう）を相手に功名富貴を争うような愚を解脱してしまった。彼が江寧の棲霞寺に雲谷禅師を訪うた時、若くして俗気の無い彼の風格に感心した雲谷が、容（かたち）を改めて彼の修養を問うと、彼は従来の経緯を打明けて、その心境を語った。すると雲谷は大いに笑って、自分は足下（そっか）をよほど出来た人物と思っていたのだが、何だ、それでは要するに凡夫にすぎぬではないかというので、彼は愕然としてその理由を問うた。雲谷は諄々と儒仏の教を引いて運命の真理を説き「命は我れより作す」のである。これより「義理再生の身」即ち精神的にも実践的にも生れ直した自分になって努力せよと教え、始めて感悟した彼は、それより不思議に占翁の予言が外れだした。そこで彼はそれより自ら了凡と号するようになった。*

＊ 西沢嘉朗「陰騭録の研究」、酒井忠夫著「中国善書の研究」、（中国文）「袁了凡先生家庭四訓簡注」等参考。

これは実に興味の深い話である。造化は運命である。それは自律自慊の絶対作用である。物を相手の利害得失や、欲から生ずる喜怒哀楽などは、その日その日の雨雪風雷にすぎない。水流・急なるに任せて、境は常に静かである。花落つること頻りと雖も、意は自ら閑である。富貴となれば、富貴を享受してその意義使命を果し、貧賤になっては、貧賤を享受してこれを十分に生かし、いかなる境地に立っても疑惑せず、しっかり自分を把握して（自得）、頂天立地・独立独行してゆく。それはおのずから楽しみを抱く。易に曰く、「天を楽しみ、命を知る、故に憂えず」（繋辞上）と。

陰陽相対（待）性原理

易といえば陰陽ということが何人もの常識になっているが、陰陽が易の原理になりだしたのは、実は戦国中期以後のことで、「易経」の成立につれて五行思想とともに、そうなったものと言わねばならない。それまでは専ら剛・柔が用いられた。剛は生の活動・分化・固定から受ける感覚であり、柔は生の全一・順静・包容についての感覚である。易はこの剛柔の原理から次第に陰陽の原理を主とするように変化していったものである。

＊　これらの問題の考証については小林信明著「中国上代陰陽五行思想の研究」が最も詳細である。

易は、天地が万物を創造し、変化する力を気とした。気の古字は气で、雲の起る象である。今日使われるエネルギーの素朴な考えといってよい。[*1]気に陰・陽二気がある。これは相対であると同時に、相待でもある。陰が陽にも変ずれば、陽が陰にも変じ、陰陽相応じて新たな創造変化の推進（中）が行われる。何よりも近代自然科学が尤（もっと）もよくこの理法を証明し始めている。

宇宙には我等の太陽が属する銀河系を含め、数十億の島宇宙がある。それにも正反の相対性があって、宇宙創成のある時期に、これが分裂と同時に、反宇宙の物質が正宇宙にも含まれたと見られている。今日問題のシリコン（硅素）に対しても、反シリコンが発見された。両者を一つにすると、爆発的反応を起し、全質量がエネルギーに化する。それは一トンについて普通の水爆の三百倍の力になるという。我々の生体を化学的に見ると、酸という陽性と、アルカリという陰性との相対性反応の裡にあることは周知であるが、いずれも同時に相待的で、同じ一種の酸が他に対して基（き）として作用し、また第三のものに対しては酸として作用する。たとえば乳酸が、ある条件の下では酸としてではなく、一つの基として作用するようなものである。

徳川時代を通じて尤も異色のある思想家の一人であった安藤昌益[*2]は、この相対にして相待なる両性の作用を自然真営道の「互性活真」と呼んでいる。reciprocality, mutuality の訳語に互性は妙であろう。

＊1　気をハーバート・チャトレイ氏は The vitalising Breath of the Universe, 陰陽を vibrations としている（本書七五頁 Z・D・Sung 氏著）。

＊2　安藤昌益に関して狩野亨吉博士が大正年間始めて世に紹介され、次いで渡辺大濤氏が「安藤昌益と自然真営道」を出版。終戦後カナダ代表として日本に駐在したヘルバート・ノーマン氏が昌益を知って、これに深い興味を覚え、「安藤昌益と日本封建制の解明」Ando Shoeki and the Anatomy of Japanese Feudalism を著した。

陽は造化の活動し、表現し、分化し、発展するエネルギーである。然しこれに偏すれば、活動は疲労し、表現は貧弱となり、分化は散漫・分裂し、発展は衰滅する。これを救うものは陰のエネルギーである。これは順静・潜蔵・統一・調節の作用をする。この互性がはたらいて始めて活真を得る。もし陰に偏すれば萎縮し、固執し、沈滞して、やはり衰滅する。二者相和して始めて新しい造化が行われる。これを「中」すという。物はすべて陽に向うが、陰を待って、始めてよくその全体性・永続性を得る。故に造化を我々の歩行に徴して「道」と言えば、陽は道の用であり、陰は道の体である。

＊清・何夢瑶集釈「皇極経世易知」巻七

人間の心身も過労すると酸化する。酸を傷むと訓むのはえらいものである。酸敗、心酸などという古語に頭が下がる。健康の時、体内は弱アルカリ性である。人間精神も、知性は陽性である。物を分つ、ものわかりである。認識とは物の区分・区別をはっきりさせることである。それによって概念を得る。その分化を発展させる手段が論理である。だから概念的・論理的、つまり理窟になるほど、根幹・全一・生命から遠ざかる。中味が無くなる、くたびれる。概念的論理的知識は豊かな直観に基づかねば浅薄であり危険である。

知性に比して言えば、情性は陰である。情は物を結び、物を含蓄する作用である。偉人は必ず偉大な情の人でなければならぬ。その情も幽情を貴ぶ。皮相な感情は危い。意志も欲求は陽であるが、反省は陰である。反省のない欲望ほど危いものはない。才能は自己を外界に働かせる能力であるから陽性である。だから知も才もとかく利己的になって、人から好まれない。他との調和を破る。これに対して徳というものは物を容れ、物を結ぶ能力で、陰である。徳性が人格の本体で、知や才はその用である。男は陽性であるから、活動力に富み、社会的で、知性や欲望や才能を本領とする。女は陰性であるから、静かで、家庭的で、知性よりも情性、欲望よりも反省、才能よりも徳性を本領とする。男は代表するが、女は治中する。金を持たせれば男はまず費おうとするが、反省して貯える。金使いのけちな男は男らしくない。女はまず貯えるが、反省して義理の為に費う。金使いの荒い女は女らしくなく、家を持てない。異性関係にしても、男は本能的に浮気であるが、反省して節を守る。女は本能的に一を求めて貞いが、反省して離れ、他に帰そうとする。同じ貞操も男女によって本分を異にすること生理機能と同じである。

西洋文明の本領は、個人主義的で、我の自覚が明らかであるから、自治的で、権利・義務の観念に富み、功利に長じ、構成に巧みで、知性的・表情的・野心的なところは明らかに陽性である。東洋文明は没我的で、理想を求め、献身的であるが、自覚に乏しく、直観的・幽情的・内省的で、陰性である。近代西欧文明は余り陽性に傾いて、疲れて、理窟っぽく、激情的で、野心が強く、功利に馳せすぎて、道徳を失い、闘争に駆られて、融和がない。その果が二大陣営に別れて、破滅の危局に立っている。東洋は陰性の故に、近代の生存競争に遅れ、機械的功利的に落伍して未開発国とされてきたが、今や現代の救いは、新に東洋文明をいかに結合し、活用するかにあるということは、心ある西洋先覚者の斉しく着目留意する所となっている。終戦後間もなく出たエール大学のノースロップ教授著、「東西の契合——世界融会に関する探求」F.S.C. Northrop : The Meeting of East and West - An Inquiry concerning World Understanding などはその先蹤の一である。

主観と客観についても、主観主義の思想を底の底まで考えぬくか、骨の髄まで生きぬく時、自己の内なる厳しい客観性に到達する。易が歴史的に卜筮を通じて主観を錬磨した結果は、生そのものに内在する厳しい必然性、内的客観性を把握したのである。トインビー教授が、この陰陽相待性理論Yin and Yang Theory によって、人類文明興亡を探求した歴史哲学に新生面を開くを得たのも首肯することができる。（A.Toynbee：Study of History.）もしこの理法が真に体得されたならば、偉大な精神的自由を得るであろう。宋の大儒・程明道は、「天地万物の理、独なる無し、必ず対有り。皆自然にして然り。安排有るに非ざるなり。中夜以て思う毎に、手の舞い足の踏むを知らざるなり」（「近思録」）といっているが、さもこそと思われる。

五行相生相剋説

陰陽思想とほぼ時を同じうして五行思想が発達普及し、これまた易学構成の中に取入れられて、爾来陰陽五行は中国・朝鮮・日本諸民族を通じ、最も普遍的な思想律となったということができる。

造化の気を考えるにあたって、古代人は存在の代表的な素材である木・火・土・金・水を択んで、それらを有らしめ、はたらかせるエネルギー・気、即ち五気を考え、その作用を旨として五行と称し、これを深く推究していった。

五行について最も大切なのはその相生・相剋関係である。木を焼けば火を生じ、火は灰・土を生じ、土は金属を生じ、金属より水を生じ、水は木を生長させるというわけで、木生火、火生土、土生金、金生水、水生木と循環する。これに反して、木は土を搾取して生長するから、木剋土、同様にして土剋水、水剋火、火剋金、金剋木となる。

この五行を万事万物に応用して生剋の関係を観察する。戦国時代斉（せい）の鄒衍（すうえん）はこの道において最も大名を馳せ、大著述を試み、諸方面に非常な尊敬と優待とを受けたが、今は全く伝わっておらない。五行の代表的なものは五徳で、仁・礼・信・義・智をいう。生理的には五臓・五腑で、これに陰陽をとりいれ、臓は陰、腑は陽で、肝・心・脾・肺・腎、胆・小腸・胃・大腸・膀胱という風に分類する。これが今日新に科学的に検討され、多くその真なることが実証されだしてきておることは大いに注目に値する。その五行の配列を試みに十種あげてみる。

行	徳	臓	腑	方	時	色	音	臭	味
木	仁	肝	胆	東	春	青	角	羶	酸
火	礼	心	小腸	南	夏	赤	徴（ち）	焦	苦
土	信	脾	胃	中	土用	黄	宮	香	甘
金	義	肺	大腸	西	秋	白	商	腥	辛
水	智	腎	膀胱	北	冬	黒	羽	朽	鹹

これを臓腑で説明すると、肝・胆が良くなれば心・小腸が良くなる。さすれば、脾・胃、肺・大腸、腎・膀胱、やがて肝胆へと、順々に皆良くなってゆく。逆に肝・胆を害すれば、脾・胃、腎・膀胱、心・小腸、肺・大腸、肝臓・胆嚢と逐次皆悪くなる。肺だけが悪い

ということはない。その源流は遠い。肺病患者がその陽（用）である大腸を害すれば万事休すである。肺を良くしようとすれば、脾・胃から始めて、総てを綜合的に良くせねばならぬ。それには薬よりも、日常の食である。色を以て言えば青物は肝胆に善く、赤物は心・小腸に善く、黄物は脾・胃に善く、白物は肺・大腸に善く、黒物は腎・膀胱に善い。腎・膀胱を悪くすれば顔色が黒く濁り、肺・大腸を悪くすれば白っちゃけ、脾・胃が悪ければ肝・胆が悪いのであるから青黄いろく、肝・胆は青ざめる。

――という次第である。

五行に陰陽が加わり、干支（かんし）が組合わされるようになって、益々（ますます）組織だてられた。干は幹、支は枝、本末関係であるが、兄弟（えと）といわれる。もと干を以て日を、支を以て月を測ったものらしい。干支をそれぞれ陰陽に分ち、十干・十二支を定めた。十干は殷虚の甲骨にも記されているから、随分古くから行われたものであるが、所謂五行思想となったのはやはり戦国時代になってからである。

この干支を年・月・日・時に用いたことは天文暦学の上に偉大な効果のあったことで、合理的であり、特に古い年代をたどるのに頗る便利で、東洋の年代が外国に比して確実なのはこの為だとせられている。たとえば春秋の「桓公三年七月壬辰朔、日有食之」。壬辰とあるので、容易に逆算して、西紀前七〇九年七月十七日（ユリウス暦）の日食であることが判明する。随って桓公の年代も定まり、同時に「春秋」そのものの歴史的に確実なこともわかる。*

＊　平山清次氏「暦の話」

十干に十二支をくみ合せるから、甲子より乙丑・丙寅と一巡して癸亥に終る。ちょうど六十である。そこでまた甲子に復る。これを還暦といい、自分の生れ年の干支が復び還るというので「本卦還り」といって祝うのが今に続いている。

この干支の本義は、古代研究に便利な漢の「釈名」や、「史記」の暦書によっても、実は生命消長の循環過程を分説したものであって、木だの、火だの、鼠だの、牛だのと直接関係のあることではない。

甲	木	⚊	草木の芽生え、鱗芽のかいわれの象意。
乙	木	⚋	陽気のまだ伸びない、かがまっているところ。
丙	火	⚊	陽気の発揚。
丁	火	⚋	陽気の充溢。
戊	土	⚊	茂に通じ、陽気による分化繁栄。
己	土	⚋	紀に通じ、分散を防ぐ統制作用。
庚	金	⚊	結実、形成、陰化の段階。
辛	金	⚋	陰による統制の強化。
壬	水	⚊	妊に通じ、陽気を下に姙む意。
癸	水	⚋	揆に同じく生命のない残物を清算して地ならしを行い、新たな生長を行う待機の状態。

子　孳で、陽気が色々に発現しようとする動き。
丑　紐で、生命エネルギーの様々な結合。
寅　演で、形をとっての発生。
卯　冒に通じ、開発の意。
辰　震・申に同じ、生の活動。
巳　已に通じ、陽盛の極、漸く陰に移ろうとする所。
午　忤に通じ、上昇する陰と下退する陽との抵触。
未　昧で、陰気の反映。
申　陰気の支配。
酉　酒熟して気の洩れる象。陰気の熟する所。
戌　恤であり、滅である。統一退蔵。
亥　核で、生命の完全な収蔵含蓄。

これを動物にあてはめたのは、民間に普及するにつれての仮託である。

＊　五行思想に関しては、狩野直喜氏「読書纂余」、木村英一氏「中国的実在観の研究」、小林信明氏「中国上代陰陽五行思想の研究」、今井宇三郎氏「宋代易学の研究」等参考。

八卦に干支が応用されて、今日まで弘く民間に普及しているものの一は方位である。

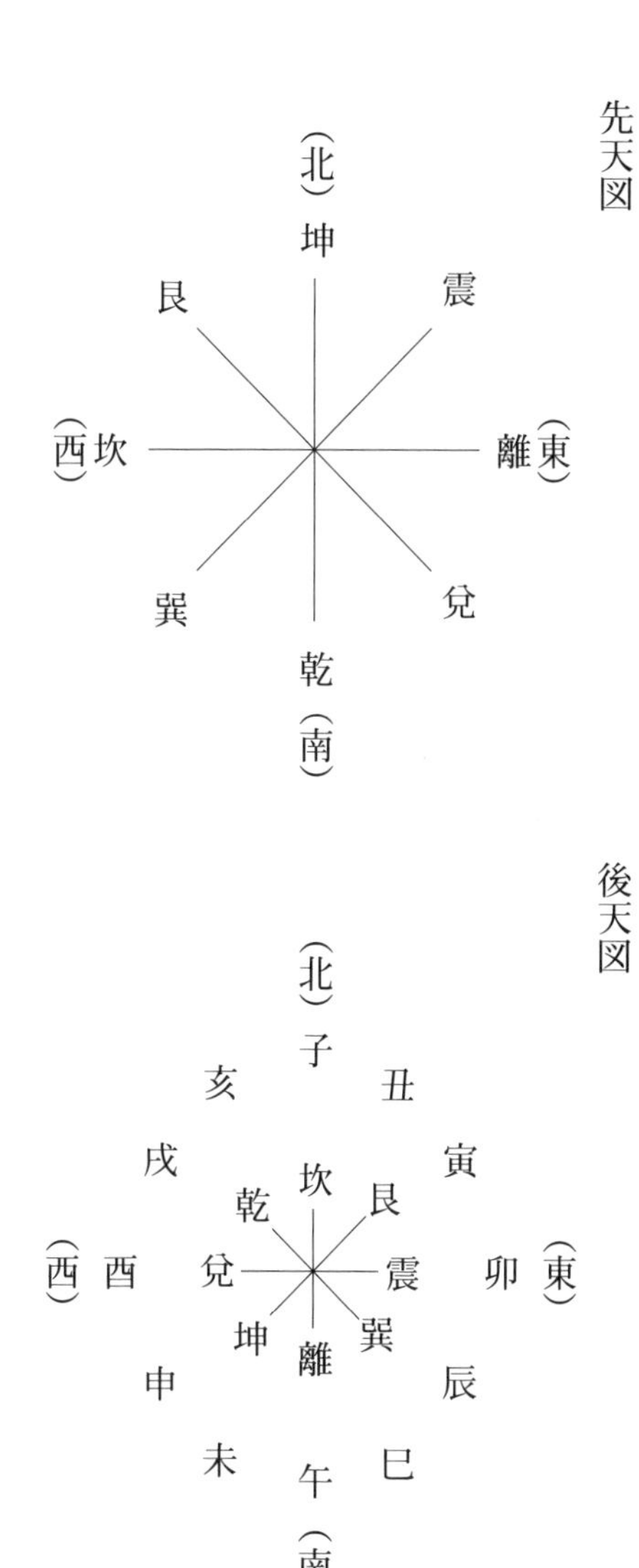

先天図は伏羲八卦図とも称され、説卦伝第三章に見ゆる「天地位を定め、山沢気を通じ、雷風相薄(せま)り、水火相射(いと)わず、八卦相錯(まじ)わる」の一文を立説の根拠とするが、牽強附会の点あるを免れない。後天図は文王八卦図と称され、説卦伝第五章に本づく。これに十二支を配するのは、後世易家の説であるが、艮・北東をウシ・トラ、巽・東南をタツ・ミ、乾・北西をイヌ・イと呼ぶのは、皆これに本づ

くことは図を一見すれば容易に理解出来よう。

数

陰陽五行思想の発達は、一方において数というものについての観念が深くなっていったことに大いに関連がある。

数はあらゆるものを抽象し、同質なものにする。同質なものになれば、あらゆるものは対等になり、簡易になり、明瞭になる。確実に感ずる。数はその同質化・簡易・明瞭の為に、かえって何ものかの象徴と感じ易い。事実同質化には前提や仮定がなければならない。これを遺（わす）れると危険である。アリストテレス派の学者は、自然は質的なものであり、数とか量とかは相対的にはさして重要なものではないとしたが、プラトーは宇宙の根本様式として、数の重要性を強調し、統一体から多様が派生する過程は必ず数学的であるとしている。プラトー学派のニコラス・クザヌスも、数とは創造主の意に存する第一の原型である。認識は常に測定であると説いているが、この認識が科学を発達させたことは疑の無いことである。数字は科学の言葉といわれ、量と数との新しい発見・研究・応用が近代文明を作ったといって過言ではないであろう。

「易経」では、陽は奇であり、陰は偶である。その陰爻（いんこう）を六（りく）と呼び、陽爻（ようこう）を九（きゅう）と呼ぶ。

これについては諸説がある。尤もわかり易く言えば、数は一から五までを生数、六から十までを成数とするが、五は生数のすべてに配して成数を生ずるものであるから、五とその倍数との十を去って、六七八九を採り、陽は進むを以て九を老陽とし、陰は退くを以て六を老陰とし、六を以て陰爻を呼び、九を以て陽爻を呼ぶとするのである。聖アウガスチヌス（西紀四〇〇年前後）は、神は世界を六日間に創造したといい、六は完全数で、最初の三つの整数、一・二・三の和であり、積であると説いているのも、おもしろい考である。

1＋5＝6　2＋5＝7　3＋5＝8　4＋5＝9　5＋5＝10

一七〇三年（元禄十六年、清・聖祖四十二年）一月、清国に布教していた牧師のフーヴエから朱子集註の「易経」を始めて見せてもらったライプニッツ（A.D.1646—1716）は、六十四卦の表を見て非常な霊感を得た。それは彼が二十数年前に発明した二元算術 Arithmetique Binaire に符合するものであった。二元算術とは、1と0とで総ての数を表すことができるという、数の神秘的性質を示す彼の発明であった。*

幕末浪華の篤学山片蟠桃も、「卦爻の象ばかりにて実に無量の味あるもの也」と云っている。学問をしぬいている人間の直観は偉大である。

＊　五来欣造著「儒教の独逸政治思想に及ぼせる影響」、藤村与六著「易の新研究」聯卦易説参考。

太極と中

現代の科学は智脳を絞って宇宙と物質の究極に迫っている。生理学者はついこの間まで、人間は細胞からできているとして、細胞を重んじていたが、動物細胞の中にあるものが、次第に植物細胞の中にもあり、動物・植物の区別は、その点で全くなくなり、細胞の研究が進むにつれて、細胞学などという限られたものはなくなる始末で、いずれの学問も究極への到達に熱心な努力を続けている。

物質の究極も、分子から原子、原子から素粒子、素粒子から基礎粒子、中でも中性微子といよいよ精細になってきておる。電気学的にいうと、宇宙の究極は玄微な陰と陽との電気の極度の張力の帯電状態とも考えられている。

易も宇宙人生に究極を考えた。繋辞伝に易に太極有りといっている。それを符号の━で表す。これは単なる線でもなければ、所謂「場」に止まるものではない。二千年後思いもよらなかった科学がこれを研究してくれていることを私は無限の感興を以て注意しておる者である。易の本然に返って説けば、太極の━は創造概念を表すもので、即(すなわ)ち全であり、一であり、絶対である。故に相待的な何ものでもないので、これをまた無極という。無極という言葉は易にもその他の儒書にもない。これは宋学の先駆周濂渓(しゅうれんけい)(惇頤・字は茂叔)が、恐らく「老子」「荘子」「列子」等にあるこの無極の語を活用して「太極図説」に始めて立てたもので、彼は無極而太極があり、その無極の真が陰陽五行の精と妙合して造化が行われることを説いた。

太極の外に無極があるのではない。無極が太極であるから無極而太極[*]である。

＊ 朱子がこれを継承して詳論した（「太極図説解」）。「宋史」の本伝には自無極而為太極となっているので、朱子はその誤記を主張したが、尤もである。これらのことについては、今井宇三郎氏著「宋代易学の研究」に詳細な文献学的研究がある。

太極を国家的に言えば皇極（「尚書」洪範）であり、国民的に言えば民極（「尚書」君奭、「周礼」天官）である。太極は造化の究極であるから、無限のエネルギーを含む核の状態、極度の張力の帯電状態ということができる。造化は太極が自己を実現発揮してゆく努力過程である。そのいかなるものにも偏向・分裂・固定せず、常に全一・調和（太極）を保って、生成化育することを「中」という。「太極」を「中」とすることは漢魏以来の通説で、王陽明の先蹤・陸象山がこれを力説した。〔これに関する朱子と陸子との間に論争があるが、今日の思索から言えば問題ではない。〕易は全く中を説いたものである。

事実「易経」の十翼は四書の「中庸」と相通ずる所が多い。

＊ 「易経」と「中庸」との関係については、武内義雄著「易と中庸の研究」に詳説がある。

中の字の用法は興味が深い。「中庸」に、「君子而時中」とある。これはどうしても時中(じちゅう)とよまねばならぬ。時(とき)に中すなどとよめば、どんな俗解・誤解になるかもしれない。強いて訓ずるなら「これ中す」とでも訓むべきであろう。あらゆる場合に生成化育の本道を進むことである。同書に「従容・道に中す」とある。この頃の曲学阿世のうろたえぶりを見る時、痛切な響きがある。あたると訓んで、及第する意にも使うが、これもよくわかる。合う、一致する意にも使う。「吾が志に中(あ)う」などである。的中といって、矢を的に射あてることに使うのも、それこそあたっている。誰が用いだしたか、この世で添われぬ男女の天国で結ばれようと共に死ぬことを「心中」とは言い得て妙である。男女共に浮かばれることであろう。悪い方では、毒や風邪や寒暑にあたるに使い、中傷といって、傷つける意味にも用いられる。「折中」の語も適切である。悪を折(くじ)いて始めて解決し、進歩する。故に折は「くじく」であり、「さだむ」と訓む。合せて二で割るようなことは悪への譲歩であって、何ら解決にならぬ。「中立」も双方に憚って、或(あるい)は狡く打算して、どちらにも与(くみ)せず孤立するような意味ではなく、不正に偏向せず、堂々と自ら大道を行くことである。故に中は難い。「天下国家も均しうすべきなり。爵禄も辞すべきなり。白刃も踏むべきなり。中庸は能(よ)くすべからざるなり」（「中庸」）とある所以である。

「易経」の生成

中国史の曙――殷（商）より周へ

中国は西紀前十世紀以前にほぼ支配権を樹立していた殷王朝から有史時代にはいる。その前の夏は、今日のところ、まだ伝説時代に属しているといって大過はない。恐らく殷王朝は山東半島に居った東夷民族の一部が、河南平原に向って、盤庚のような優れた指導者の統率の下に西遷し、河南の商邑*（安陽）に首都を建設した元来狩猟牧畜民族であろう。

* 殷という国号もしくは王朝の名は今まで分っている卜辞には見当らない。商という首都の名を以て連邦を代表していたらしい。殷は祭名で、合衆国的意義を持ち、周朝側からの称呼と推定されている。

これに対して、山西汾水流域の、気候も好く、地味も肥えた地方に、いちはやく遊牧から進んで農耕生活を営み、近くに塩池の利をも有して、繁栄に向っていたのが周民族であった。殷王国はこれを侯に封じたが、始終武力を以て、或は女を周侯に与えるような結婚政策を以て、或は背後の犬戎（苦方・鬼方）などを使嗾して、頻に周を圧迫し、遂に周文王の祖父・古公亶父は、汾水流域に次ぐ肥沃な農耕地帯であった彼の西山（岐山）、陝西の渭水下流地方に移住し、その子王季の時代にはよく繁栄した。殷王武丁は王季を謀殺し、王季の子文王を紂王は都に招致して、羑里に監禁したが、周は莫大な賄賂を使って殷の君臣を籠絡し、辛うじて免れることができた。文王は隠忍自重して、殷と宥和政策をとりながら、その間懸命に努力して国力を培養し、民心を収攬すること五十年。殷政府はかえって頽廃堕落し、なお周にとって、もっけの幸ともいうべきことであったのは、殷の故地山東に新に東夷*（人方）の強大な勢力が勃興して、殷の背後を覗ったことである。紂王はこの征伐に国力を傾けて、民衆の怨嗟を招いた。文王は西方の圧倒的勢力（覇者・伯・西伯）を作りあげ、遂にその子武王に至って、革命を決行し、殷都朝歌の郊外・牧野に進撃し、惨澹たる戦闘の後、幸に勝利を博して、紂王は自決したが、武王は徹底的殲滅策をとらず、紂王の遺子・武庚らを保護して、これに統治を委ね、周の王族管叔・蔡叔らを監視に附けて、王自らは陝西の本拠鎬京に帰還し、その後僅々二年にして崩じた。嗣子成王はまだ幼少であったので、武王の后で、成王の生母邑姜（王姜）が成王を奉じて摂政の位にあたり、武王の弟で、周室内の代表的実力者であった周公旦が、庶弟の一人である召公奭と共に実務をとることになった。

＊　古字では「夷」「人」同一に用いられている。

武王の死は大きな衝撃を各方面に与えた。紂王の後に封ぜられた武庚は、好機逸すべからずと、早速山東の諸国と通謀して叛乱を起した。これは新興周朝の運命を決する一大危局であったが、周公は召公と力を協せ、成王・王姜の親征を決定し、与国に檄して総動員を行い、大軍を挙げて討伐を決行し、完全に叛乱軍を征服することができた。そして陝西の首都に凱旋したが、華北の大平原を掩有した王朝が、これを統治する為に従来の都は辺鄙にすぎる為、陝西と中原の要衝にあたる洛陽に地を卜して、成周の新都を此処に建設した。周公は此処に成王を迎え、自分は陝西に退隠しようとしたが、成王始め周囲はどうしてもこれを許さず、遂にその死まで政務に心血を竭し、堅実な封建制度を樹立して、文化の発達に偉大な貢献をなしとげた。

＊　周公の成功と権勢とは、やはり様々な嫉視や疑惑や流言を生じたようである。「成王・周公に狐疑す」（「論衡」感類）とか、「周公流言に恐懼するの日」（白楽天詩・放言）という句など、察するに余りあるものである。

成王、次の康王の治世は、周朝が最も平和と繁栄とを保持した時代であるが、その充実した国力を以て、次の昭王・穆王は対外発展政策を遂行した。然し代を重ねる中に、漸く沈滞と堕落を生じ、厲王に至って内乱勃発し、王は山西に蒙塵して、宰相司馬共（師和父）が執政となり、辛うじて局面を収拾した。この時が周の大いなる危機であったが、幸に英明な宣王が即位して、名相尹吉甫らを登用し、在位四十余年、よく中興の大業を成し、崩壊し易い封建制の弱点を改めて、強力な中央集権制を施行した。然しその為に欝積した地方勢力の不平憤懣は、宣王の死と、次いで立った幽王の不肖の為に爆発し、外戚申侯の謀叛、北方遊牧民族犬戎との通謀となって、その侵略を蒙り、都は蛮族に蹂躙され、王は殺害されるに至った。後嗣平王は秦・晋・衛ら大諸侯の協力を得て、東の洛邑に即位して、辛くも王朝の命脈をつなぐことができた。これが有名な周室の東遷といわれるもので（西紀前八世紀末）、これより春秋・戦国の時代となってゆくのである。

殷周と卜筮

古代人はあらゆるものを不思議とし、目に見える形の奥に不思議な力（霊）が潜在することを信じ、その目に見えぬ、感覚で捕えることのできないものを神とし、それが何らか奇怪な形をとって現れるものを鬼とした。そして、それらの祟りを恐れ、それを祭って災厄を避けることに熱心であった。特に祖先の精霊の実在を信じ、祖先の霊を祭って、生ける者の如くに仕え、その霊によって、これから為そうとする事の判断を与えられ、それに従って行動することに決意と安心とを得ようとした。これに凡そ二つの方法がある。

その一は、特殊な霊能を持っている霊媒（巫〈女称〉覡〈男称〉）の神がかりによる言葉を聴こうとする、所謂シャーマニズムである。もう一つは、神に供えた犠牲のある部分を霊媒として、特殊の技術によりこれを操作し、そこに表れる象を見て判断する方法である。後者の代表的なものが亀の甲や牛の骨などを使用する卜占である。卜は亀甲を灼いて出来た亀裂の形から取ったものと説かれている。従って占も卜と口との合字である。貞の字も卜と貝との合字で、本来卜問の意であり、利貞は貞うに利し。貞吉（凶）は、吉（凶）たること、ゆめ疑なしの意であろう。殷人は特にこの卜占を重んじ、日常生活から始めて、政事・軍事の重大問題に至るまで、万事万端卜に問い、これによって決した。そこで政府に卜専門の役人（巫師）を置き、その勝れた人物は大臣にも挙用されている。明君の武丁を輔けた巫咸・巫賢は一見明瞭であるが、有名な賢相傅説も、実は巫師の一人で、傅は保と同じく神がつく、神がかりを意味するものである。

亀甲を灼くと、ぴんと一直線にひびわれ（坼）ができ、続いて支線が走り（岐坼）、色々のうらかた（兆）になる。そのひびの入りかた、色沢・形（兆象）で判断する。後世この亀卜に関しても、なかなか複雑な説明がある。兆象に二十四種を認め、その一々を五に分って百二十種となる。色沢を五種に分つと、これが六百種となる。更にひびの入りかた（墨坼）を大小・明暗の二種に分って、都合千二百種に達する。この千二百種にそれぞれ占辞をつけて、これを「頌」または「繇」という。これを集めたものが卜経であるというが、今日伝わっておらない。然し断片的に「易経」の中に残存している。

亀卜は元来手数のかかる仕事である。そもそも亀の甲からして、沢山に使うのには入手に困難である。さればこそ、殷虚の発掘に伴う卜辞の研究によれば、亀甲は一、二割で、大部分は獣骨であるという。そこで周代になると、簡易化を求めて、亀卜とは別に占筮が用いられるようになったのである。亀卜の簡易化が要求されると同時に、農耕本位の社会生活関係もあって、周代にはいると占いに蓍という草の茎が用いられるようになった。この草は長寿なもので、百年にして一本に百茎を生ずるといわれる（「本草綱目」）。和名めど、或はめどはぎは菊花に属し、山野に育つ多年生の植物で、茎は細長くて高さ六〇―九〇センチに達する（牧野博士「日本植物図鑑」）。日本ではこれをかの蓍になぞらえ、筮に用いた。蓍は後に竹で代用されることになり、これを策という。今の筮竹である。その筮法の大要が繋辞伝に載っている（後章筮法参考）。

殷代の占卜は前述のように神がかりの託宣、シャーマン的なものであったが、周代にはいると共に、人間の自信が強まり、形而上的な思索が発達して、占筮にもそれが加味され、次第に判断が論理的・思想的になり、霊感と思惟と実践とが不思議な関連を持つ活々したもの、西洋的に言うと dynamic, kinetic なものに進歩していった。政府では史官がこれに当り、占人・卜人がおって、占筮ごとに、その判断である筮辞を作り、これを記録して府庫に納め、年度末に検討したもののようである。

占筮は蓍を特定の方法で数えて、その結果を符徴で表し、それを見て吉凶を到定する。つまり「数」の推究である。

「易経」の成立

占筮の符徴は、⚋と⚊とを基本とする。蓍の一茎とその折半に象ったものと思えば、中らずと雖も遠からぬものであろう。男女の性器に徴したものという説もあるが（渡辺千春・郭沫若の如き）、素朴な古代人の感覚から言えばあり得ることであろうが、朝廷で発達してきた歴史から言えばそれは穏当でない。然し⚊は男・剛を意味し、⚋は女・柔を意味する。この⚋⚊を三画ずつ重ねて、八種の象ができる。☰・☱・☲・☳・☴・☵・☶・☷これが八卦（か・け、掛に通じ、象を徴す。同時にまた時を徴すものでもある。）である。これに古代人の生活体験から、世界の最も偉大な力のある存在と思われた天・沢・火・雷・風・水・山・地をあてはめた。この八卦を更に積み重ねて発展させると六十四卦となる。一卦がそれぞれ六画（六爻・効に通じ、変化の動を象徴する意味のもの）から成立っているから、六十四卦・三百八十四爻となる。これによって宇宙万物・人生・国家万般の問題がすべて推究されるとしたのである。八卦は、伏羲（庖羲）が作り、六十四卦は神農或は禹、或は文王が作ったといわれているが、もとより仮託であって、六十四卦ができたのは、恐らく西周初期であろう。卦爻変化の体制が整うにつれて、従来専門家によって作られてきた筮辞が検討されてこの六十四卦・三百八十四爻に按配されるようになり、ここに占筮原典のようなものができた。その時代は西周末から春秋初期の間と推定される。これを易または周易[*]と称したことは、「左伝」等によって明らかである。

周易に対して、連山と帰蔵と更に二種の易書があったといわれ、連山は夏の易、帰蔵は殷の易という説と、内容の異る編纂という説とあるが、後世に伝わっていない。恐らく繇辞を集めた異本であろう。

各卦に繋けられた判釈、つまり卦辞を別に彖辞といい、各爻に繋けられた爻辞を象辞ともいう。彖は豕の走る形とも、占に用いられた一種の動物、日本でよく使われた狐のようなものともいわれる。彖辞は文王、象辞は周公の作と伝えられたが、まことに好く考えたものであるけれども、もとより一人の手になったものではなく、年代もまちまちである。

＊　周易の周の字については、周朝の周とするのが通説であるが、物に周普して備わらざるはない意とするものもある（漢の鄭玄、その学に本づいた清の姚配中、及び黄以周らの如き）。

とにかく原典のできたことは占筮に非常な利便を与え、権威と進歩をもたらした。筮者は一一筮辞を作る必要がなくなり、原典に照して解釈すればよいことになったので、自然一般知識人に普及し、それと共に占に対する信憑性に対して、自主的な思想性・哲学性が著しく加わっていった。

「論語」に、ある人が「人として恒（自主性・不変性）が無ければ、巫も医も何にもならない。そ[*]の徳を恒にせずんば、或は之が羞を承く（「易経」恒卦・九三・爻辞）とあるのは善い言葉である」といったのに対して、「恒なき者は凶であること言うまでもない。卜うを待たぬ」と孔子が言ったという一節がある（子路）。

＊　荻生徂徠がこの章句の切り方について意見を立てているが、それは此処では問題としない。

「詩経」の小雅に、「我が亀既に厭きて、我に猶（おもうこと）を告げず」という句がある。人間の愚かな迷いからする卜いに対して、理性の声を伝えたものである。

「礼記」緇衣に、「子曰く南人・言有り。曰く、人にして恒なきは以て卜筮を為すべからずと。古の遺言なるか。亀筮猶お知る能わざるなり。而るを況んや人に於てをや」の次に前記「詩経」の句を引用して結んでいる。周代思想・精神の進歩を物語る好例である。

孔子が周易に意を用いたであろうことは十分察せられる。然し果してそんなに好んだかどうかは疑問である。怪力乱心を語らず、人格の自主的権威を重んじて、理性と自由の道を力説した孔子が、当時流行の占筮などに重きを置かなかったことは、前記「論語」の例によっても察知することができる。よく引用される「我れに数年を仮し、五十にして以て易を学ばば、以て大過無かるべし」（「論語」述而）も、魯論の方では、易が亦となっていて、「五十にして学ばば亦以て大過無かるべし」であるということが論ぜられている。むしろ易は孔子を代表とする当時の思想学術によって大いに進化させられ、戦国時代にはいって、陰陽思想や五行思想と合致して、更に思想体系が整えられ、戦国末期から秦になって、始皇帝の言論弾圧、思想書籍の焼却にも、卜筮の書としてほぼ免れ、漢にはいってまたその研究が進み、易経衍義・易経解説ともいうべき十翼ができて、それらが綜合されて今日の「易経」になった。

十　翼

十翼とは、繋辞伝上下、彖伝上下、象伝上下の六篇に、文言・序卦・説卦・雑卦の四伝、合せて十篇をいう。伝とは衍義・解説の意味である。「易経」の彖辞・象辞を文王・周公の作とする以上、十翼を孔子の作とすることは当然の妙案であるが、その非学的なことはやがて明らかにされた。

この中、彖・象二伝は最も古いものを存しており、有韻の文を含んでいる。次に重要なものは繋辞伝と文言伝で、繋辞伝は易学概論であり、文言伝の序論ともいうべきものであるが、錯簡脱落が多い。*文言伝は今日乾坤二卦にだけ存しているが、古くは全卦についてあったものと思われる。繋辞伝の各論ともいうべきものである。これらによって剛と柔とを原理とした古易に、陰陽相待性理論が確立され、生の形而上学、中の実践哲学が樹立された。戦国から秦代にかけて、子思学派の手になったものであろうか。卦に関して別に解説を立てたものが説卦伝で、総論的なものであるが、この各論にあたるものが大象である。現行「易経」の「象に曰く」とあるのがそれである。往々四書の「大学」と共通の文がある。序卦・雑卦は占筮家の易説で、稍々後期の作である。

＊文言は或は爻言の誤かも知れないという興味深い説がある（山片蟠桃・武内義雄）。

「易経」の体制が成立するにつれて、易の研究も、学問実践（義理）を旨とするものと、占筮・霊覚（象数）を旨とするものとの二派の別が明らかになった。漢代は象数派が盛んで、宋・明に最も義理の易が発達したのであるが、私はもとより義理の学を重んずる者である。聖人は卜筮を煩わさず（「左伝」桓公十一年）。善く易を為むる者は占わず（「荀子」大略）が人間の進歩であり、権威であることを知っているが、然し易は本来象数であり、占えるだけの純一無雑の徳や霊覚の力を持つ人間の無くなることを深く惜むものである。三国・呉の虞翻の象数を旨とする学問など永久に珍重さるべきものである。

易の六義

易に三義（易簡・変易・不易）があるということは鄭玄以来の通説であるが、理解を深める為に、私は進んで六義を挙げたいと思う。

㈠　はもちろん易簡ということである。「乾は易を以て知り（つかさどり）、坤は簡を以て能くす」（繫辞上）という易簡である。自然は単純を愛するとコペルニクスも言っている。自然を熟視していたニュートンも、自然は常に単純であり、何らの自家撞着をも持たないものであると語っている。

(二) 変易、かわるという意味。これは改めて説くまでもあるまい。

(三) 不易、易るということは易らぬということを予想する。易らぬものなくして、易ることはない。赤が黒に易るということは、その奥に不易の「色」なるものがあるからである。これも詳説することを省く。

(四) は易という字は夷と同音相通じ、感覚を超越した神秘的なものの意である(「老子」・「列子」天瑞・「易緯」乾鑿度等による)。孔穎達以来、易にイという音(去声)と、エキという音(入声)とをわけるが、昔は皆エキという音が相通じたらしい(清末・陳寿祺「左海全集」経辨)。

(五) 易が延・信、即ちのびるという意に用いられることである。「悪の易ぶるや、火の原を焼くが如く」と「左伝」隠公六年に出ている。造化の発展に合致する。

(六) 治とか修とか整の意である。「詩経」に「禾易い畝に長ず」(小雅・甫田)、「孟子」に「其の田疇を易む」、「論語」に「喪は其の易わんよりは寧ろ戚め」(八佾)とあるが、天地の道を観て、人間の道を治めるのが、易であるから、この用例も意味深い。乾の文言伝・初九に、「不易乎世。不成乎名」とある易も世を易めずと解すれば次の句とよく照応すると思う。

易という文字の由来についても色々おもしろい説がある。

㈠　は日と月とを合せたものとする（「緯書」秘書説、「参同契」虞注等）。然し下体は月ではないと、段玉裁が説文で否定している。

㈡　は蜥易・蝘蜓・守宮の象形とする。許慎の説文によると、壁にはりついているのが、蝘蜓（やもり）、草庭におるのが蜥易（とかげ）。守宮はいもりであろう、秦始皇帝の時、これを献上したものがある。宮中の鑰を守らせたところが、誰も寄りつかなかったので、守宮と言うと（清の陳元龍「格致鏡原」巻百）。蜥易は一日に十二回色を変えるので易というと（陸佃）。「大英百科全書」によれば、それはカメレオンのことであろうと言っている。

㈢　葛城学蒼氏はその「易字攷」に、月と勿との合字としている。易で、勿は光の象、春秋中期に土圭（日時計）を用いるまで、月光を用いて時を測った。古代人が時という観念を得たのは、日からでも、星からでもない、月からであることは、とき・つき・としと日本でも同根であると説いている。易は形であると。

太極より六十四卦へ

易を学ぶものはまず自ら太極より両儀・四象・八卦・六十四卦・三百八十四爻を展開させてみるのが一番速く確かに会得することができる。

太極は絶対者であるが、相対（待）の形式で自己を表現する。即ち陰・陽である。これを両儀という。儀とは配偶の意である。太極を⚊で表し、*これと同じ符号で陽⚊を表し、⚋を陰とする。陽が造化の活動・表現・発展を代表するから、陽は太極と同じ形式を用いるのである。陽にも陽の陽なるもの⚌と、陽の陰なるもの⚎とあり、陰にも陰の陽なるもの⚍と、陰の陰なるもの⚏とがある。これが四象である。⚌を老陽・夏、⚎を少陽・春、⚍を少陰・秋、⚏を老陰・冬とする。これを更に「陽の陽の陽なるもの」☰と「陽の陽の陰なるもの」☱という風に展べてゆけば八卦ができる。これを小成の卦という。

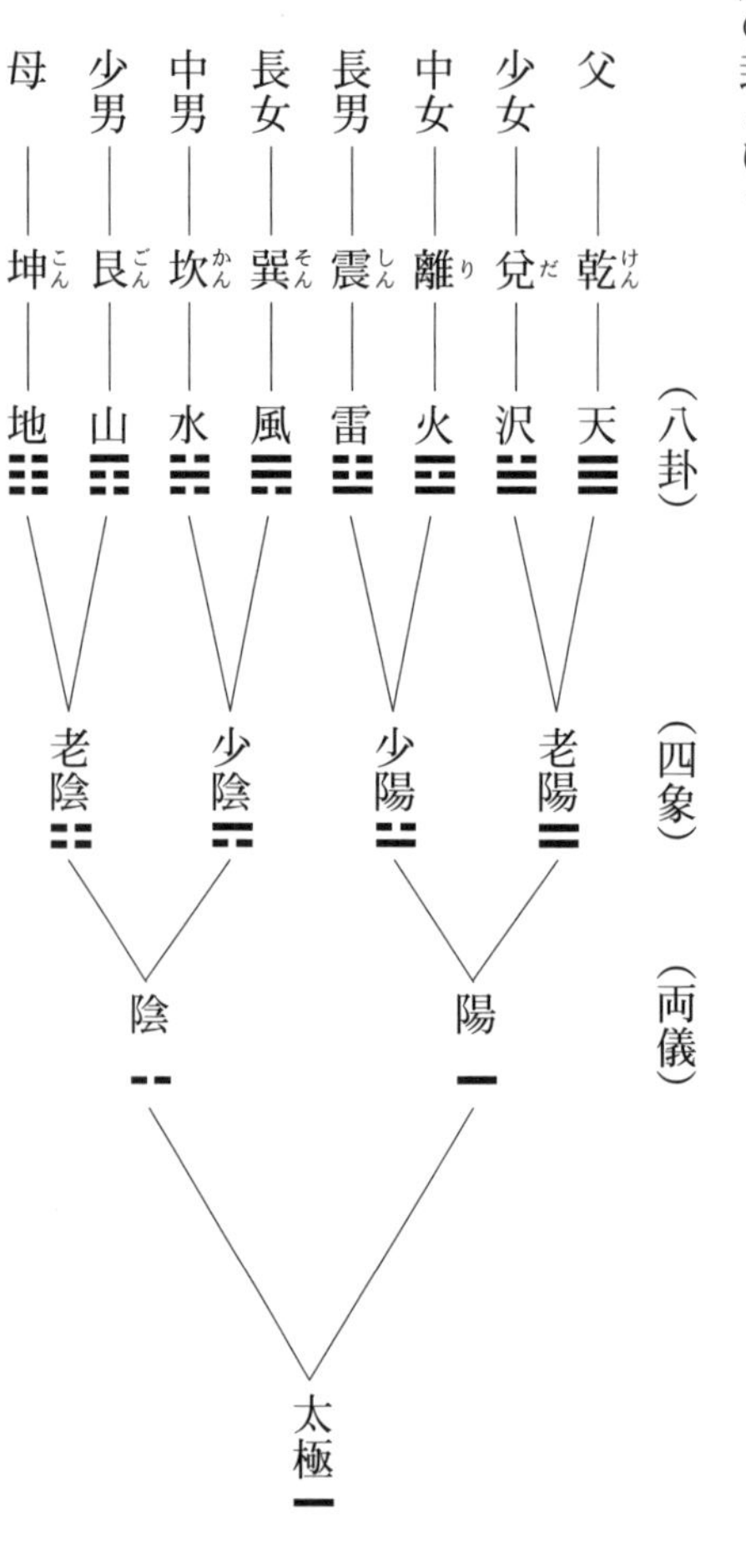

八卦はこれを自然現象に配当すれば、天・沢・火・雷・風・水・山・地であり（説卦伝第三章参考）、これをその性情より言えば、健・説（えつ）・麗（り）・動・入・陥・止・順であり（説卦伝第七章参考）、更にこれを家族の成員に配すれば、父母及び三男三女に当る（説卦伝第十章参考）。即（すなわ）ち乾坤を以て父母と為し、また繋辞伝に、陽卦多陰、陰卦多陽、とあるに則り、一陽二陰の卦を男子、一陰二陽の卦を女子と為し、その長幼を定むるには、卦主たる一陽一陰が初爻に在るを長、二爻に在るを中、三爻にあるを少とする。長男は父の後を継ぐべき者なるが故に父に属し、長女は家政を助くべき者なるが故に母に属し、少女は最も父に近づき親しみ、少男は最も母に近づき親しむ実際の姿がおのずから表されている。詳細は後に詳説する。

＊　太極を〇で表すこともある。実在の大なる循環関係を表すにはよい。むしろ無極を表すにこの方が都合がよい。⚊は〇から転化したもので、上古文字の変化を見れば明らかである。

このようにして☰↑と☱↑、⚊⚊⚊⚊↑と⚋⚊⚊⚊↑、⚊⚊⚊⚊⚊↑と⚋⚊⚊⚊⚊↑つまり三爻より成る八卦を六爻組織にまで展開すると六十四卦ができあがる。これを大成の卦という。

前漢の焦贛（しょうこう）は六十四卦を更に二乗して、四〇九六卦まで発展させたが（「易林」）、煩瑣なばかりで、成功しなかった。

卦爻と変化

太極より発展して出来た六十四卦を本卦或(あるい)は原卦とする。

陰陽変化の理法に従って、卦全体或(あるい)は各爻の変によって生ずる様々の卦を総じて変卦と名づける。

その中特に重要なのは綜卦と錯卦とである。綜卦とは本卦を逆に見た、上から見た、つまり百八十度転回させた卦である。䷂水雷屯(ちゅん)でいうと、䷃山水蒙(もう)である。人間の屯（なやみ）は、天より見れば、大処高処より見れば、蒙昧である。この本卦を裏返したもの、陰陽逆転したものを錯卦という。屯の錯卦は䷱火風鼎(てい)である。なやみは即(すなわ)ちいかにこれを塩梅して革新するかである。六十四卦は悉(ことごと)く錯綜して組織されていること次の通りである。

䷀ 乾為天　䷁ 坤為地　乾の錯卦

䷂ 水雷屯　䷃ 山水蒙　屯の綜卦。以下同様

䷄ 水天需　䷅ 天水訟

䷆ 地水師　䷇ 水地比

䷈ 風天小畜　䷉ 天沢履

䷊ 地天泰　䷋ 天地否　泰の錯綜

天火同人　　火天大有
地山謙　　雷地豫
沢雷随　　山風蠱（こ）
地沢臨　　風地観
火雷噬嗑（ぜいこう）　　山火賁（ひ）
山地剝　　地雷復
天雷无妄　　山天大畜
山雷頤　本綜同一　　沢風大過　頤の錯卦
坎為水　本綜同一　　離為火　坎の錯卦

以上乾為天と坤為地とを出発として、坎為水と離為火とに終る三十卦を以て上経とする。下経は次の三十四卦より編成されている。

沢山咸　　雷風恒
天山遯　　雷天大壮
火地晋　　地火明夷
風火家人　　火沢睽（けい）

水山蹇　　雷水解

山沢損　　風雷益

沢天夬（かい）　　天風姤（こう）

沢地萃　　地風升

沢水困　　水風井

沢火革　　火風鼎

震為雷　　艮為山

風山漸　　雷沢帰妹

雷火豊　　火山旅

巽為風　　兌為沢

風水渙　　水沢節

風沢中孚　本綜同一　　雷山小過　中孚の錯卦

水火既済　　火水未済　既済の錯綜

これに対して本卦と錯卦とを関連させてその十二爻を以て完体とする聯卦の説があるが、本書には省略する（藤村与六氏「易の新研究」聯卦易説）。

上爻　五爻　四爻　三爻　二爻　初爻

爻は下より初爻・二爻・三爻・四爻・五爻・上爻と順に上へ進む。一番下の爻は一爻といわずして初爻といい、一番上の爻は六爻といわず、上爻という。易の卦は下から始まって、上に至るとする。

【卦爻と三才】

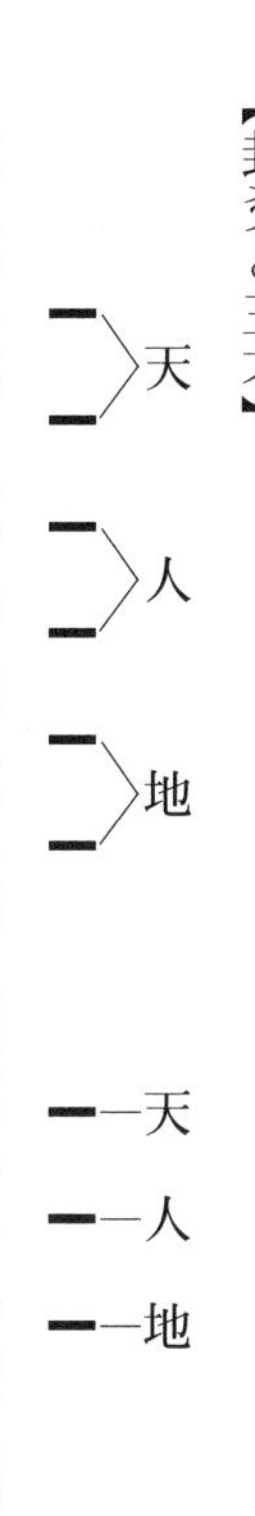

三爻から成る八卦も、六爻から成る大成の卦にも、天人地の三才にあてはめる場合がある。地は現実、天は理想、人は実現ということができる。

【爻位】

陰位（上）　陽位（五）　陰位（四）　陽位（三）　陰位（二）　陽位（初）

いずれの卦でも、初爻と三爻・五爻は奇数で、陽の位、二爻と四爻と上爻とは偶数で、陰の位である。そして卦を説く場合、若し初爻に陰のあるときは、「陰爻陽位に在り」と、或は二爻に陽爻ある卦には、「陽爻を以て陰位に居る」などという。そして陽の位に陽爻ある場合、陰位に陰爻のある場合を正となし、それと反対に陽位に陰があり、陰位に陽爻のあるを不正とするのである。正を吉とし、不正を不祥とする。ただしこの例外をなす場合もある。陰を以て陽位に居り、陽を以て陰位に居るは両者の性を折衷するとなすこともある。卦の性質如何に由って定まる。一般には言い難い。

六十四卦中六爻悉く正位を得たものは、䷾水火既済の一卦のみであるが、かく悉く正を得るのは一面安定の状でかえって無活動のすがたとも成る。

また陰を柔といい、陽を剛という。故に陽爻が陰位にある場合には「剛、陰位に在り」、陰爻が陽位に在るを、「柔、陽位にあり」という。

【中爻】

何れの卦においても、最も大切なのは中爻である。中とは上下卦六爻の中で、二爻は下卦の中であり、五爻は上卦の中である。多くの場合、下卦の中爻は、下卦全体の代表位となし、五爻は上卦の中位で、上卦の代表位であり、また全卦の主位である。

【応と不応】

初爻と四爻と相対し、二爻と五爻と相対し、三爻と上爻と相対するのであって、三つの相対において、一方が陰爻である場合、他方が陽爻であれば、応或は正応といい、同じ陰であるときは不応というのである。陽と陽のときもまた然り。正応を吉と観、不応を不吉と観る場合が多い。不応でも吉とするのは二と五に多い。

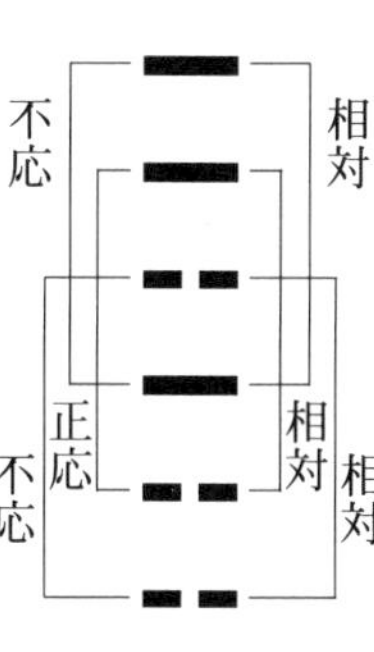

【承・拠・乗・比】

六爻中、下爻が陰で、上の隣爻が陽なる時は、上に陽爻を承けるという。承は消極的作用である。この場合陽は拠るという。陰爻が陽爻の上にあって、序を失うと観る場合を乗という。相隣接する爻同志を比（親）とする。大抵一方は⚊で一方は⚋の場合を比とする。

【互卦】

一卦のうちで、二爻と三爻と四爻とを下卦となし（互体という）、三爻と四爻と五爻とを上卦となし（約象）、これを合せて全卦となすものを互卦という。沢火革☱☲の互卦は☰☴天風姤である。革命の時、内に陰謀あり、秘密活動をする人物あることを暗示する。

【画象】

画象とは、易の卦の画の象形を観て、これを物の形に見立てることである。たとえば、山地剥☶☷の卦を、高い所に木の実が成って居ると見立てるが如き、或は山雷頤☶☳の図象を顎とみるようなものである。

【爻の変】

易は変化を示す。宇宙は不断の造化である。宇宙造化の変転に応じてそれを示すものは易である。変化にはおのずから法則がある。その法則に応じて動くものが易理である。

たとえば☰☰乾為天の初爻変ずれば☰☴天風姤。二爻変ずれば☰☲天火同人。三爻変ずれば☰☱天沢履。四爻変ずれば☴☰風天小畜。五爻変ずれば☲☰火天大有。上爻変ずれば☱☰沢天夬となるのである。その他、爻の変によって卦は様々に変ずる。

【各爻の性質】

いずれの爻も大切であるが、中にも重要なのは前述のように二爻と五爻とである。二爻は下卦の中心で、五爻は上卦の中心であるからである。二と五とにおいては五爻を更に重要の位とする。何となれば、二は中と雖も陰位である。然るに五爻は上卦の中で、陽位であるのみならず、五の数は生成の中数である。五爻は全卦の代表位に当る。

初爻は基礎・土台というべきもので、未発より出発する初歩の地位である。

三爻は、下卦の終りで、上卦へ上ろうとする危険な位である。そしてこの爻は陽位であって下卦の上位なるが故に、高ぶり、或は過ぐる意味を有する。またこの位は、上卦に影響し、或は上卦より影響を直接に蒙むる意味でも警慎を要する。

四爻は、陰位である。三爻の上に在って、君位である五爻に隣りする位で、柔位なるが故に多くは消極的、受け身に居る。そして初爻より三爻に至る下卦の終りを承け、同時に上卦の初めをなす位に居るのがこの爻である。物事これより変らんとする意味を有する。故に甚だ危険多き位である。

上爻は、物事の終りの、或は満ちた地位である。或は責任を退き、無位の境地に居る立場でもある。すでに変化の機を含む。その卦の性質によって、或は変って吉とも成り、或は凶ともなる。*

＊ 卦爻の動は陽子や中性子や中間子の複雑な活動を連想させるものがある。

筮法と占例

「易経」は元来卜筮（ぼくぜい）の書である。故に秦始皇帝の焚書（ふんしょ）にも免れたといわれる。「易経」を学べば、占筮に興味を持つのは当然である。然（しか）し占筮は近代人と違って理論的思惟に長じない古人が、その代りに近代人よりは素朴・純真で、敬虔と直観に富んでいたから、よく行い得たので、決しておもしろ半分に行るべきものではない。「易経」にも占筮は瀆（けが）れてはだめだ（蒙卦）といっており、「易は以て険を占うべからず」（「左伝」昭公十二年）、即（すなわ）ち人間を危くするような不正なことの成否を占うてはならないとしている。当然なことである。また「卜は以て疑を決す。疑わずんば何ぞ卜せん」（「左伝」桓公十一年）である。学問の第一義は、窮して困しまず、憂えて意衰えず、禍福終始を知って惑わぬ（「荀子」宥坐）にあるから、聖人は卜筮を煩わさない（「左伝」哀公十八年）。「易経」を深く学べば特にそうならなければならない。いかなる難事に遇っても、ここは易の何の卦の何の爻に当る。ここはこう之（ゆ）かねばならぬと自分で考定できなければならぬ。「荀子」も「善く易を為（おさ）むる者は占わず」（大略）といっている。これは本筋である。凡人は疑多く、決し難い。理知は疲れがちである。時に浅薄で、騒々しい理知の営みを排し、静坐して無念無想になり、霊性を回復して、占筮を試みるのもよいことである。或（あるい）は座禅して昏睡・妄想し易いのに勝るであろう。

「易経」繋辞上伝第九章に筮法が出ているが、文章簡古で、意が明らかでない為に、古来諸家の解に少からず異論があり、現在も本筮・中筮・略筮その他色々行われている。本書にこれを詳解する必要もない。唯一つ最も便利な略筮を採録しておく。簡単明確で、時間を要せぬから、意識の統一を保ち易く、由って得た卦爻とその変を推定し易い。早暁・深夜、これによって得た卦を研究するうち、いつのまにか造詣を深めることもできよう。

まず、筮竹と算木（卦を示す木）を浄処に備え、その前に静坐澄心する。その上にて徐ろに五十策*を執り、左手の掌にて筮竹の下部を軽く握り、右手で筮竹の中ほどを扶持するようにして額の上に捧げ、祈念を凝らす。次いで、五十策より一策を抜いて太極とし、これを別に立てておく。神道ならば「ひもろぎ」を立てるのである。残りの四十九策を捧持して、無念無想の極、妙機にピシリと右拇指を利かして両分する。この時筮竹が拇指にひっかかるようではいけない。罣礙があるのである。右策（陰・地）を置いて、一策を拾いあげ、小指と無名指との間に挟む。これを扐に掛くという。筆架のような掛扐器を用うるもよい。人の位を示す。

左策を春夏秋冬と二本ずつ、或は天沢火雷風水山地と読みながら一本二本三本四本五本六本七本八本と数え、八払いをくり返し、八でわりきれ、またはわりきれなかった時、掛扐の一を加え、残り一なるときは☰天、二なるときは☱沢、三なるときは☲火、四なるときは☳雷、五なるときは☴風、六なるときは☵水、七なるときは☶山、八なるとき即ちわりきれた時は☷地。

かくてできた卦を下卦となし、次に前と同じく八払いして残りの数により上卦を出す。以上二回で全卦が出来る。次に、四十九策を両分し、右方の中より一本取って、左の小指と無名指の間へ挾むことは前と同様にするのであるが、今度は二本ずつ天地人と六払い、或は一二三四五六と六本宛を払い去りて、扐を復し、残数一なるときは初爻変、二残りは二爻変、三残りは三爻、四残りは四爻、残五は五爻、残六は上爻が変るということになる。以上三度の分筮で、本卦と変（之）卦とを得ることになるのである。

＊　何故五十策とするかについても諸説がある。生数と成数、一より十までの総和は五十五。その五を棄てたものとするのが通説である。

晋の公子重耳（後の文公・春秋五覇の一）が亡命先より、革命の為、故国に帰ろうとして占わせ（「左伝」僖公二十四年）、屯䷂の䷏豫に之くに遇った（古筮法による）。係り役人は皆不吉とした。屯の卦辞に「征くところあるを用うる勿れ」とあり、豫卦を見て、閉じて通ぜずと判断したのである。司空季子はこれに対して、屯も豫も、侯を建つるに利し。特に豫は「師を行るに利し」といっている。国家の為だ、これより吉いことはないとした。判断によってこうも違うものである。信念と見識がなければ活断はできない。

足利義昭が近江・若狭と流浪して、越前の朝倉義景の許に冷遇され、立往生しておった時、織田信長の興起を聞いてこれに頼る可否を占わせた（「国史略」）。䷒地沢臨の五爻変、䷻水沢節に之(ゆ)くと出た。爻辞に、知臨。大君之宜。吉。「柔を以て剛に応じ、自ら用いずして人に任ずる、吉」とある。節は「苦節、貞(かた)くすべからず」とある。彼は遂に信長の許に投じた。然(しか)しながら彼は遂に知臨の哲学なく、苦節の修養なく、上爻の敦臨を知ることができずに失敗してしまった。

　佐久間象山は易を精研した人であるが、その伝によると、元治元年三月、将軍慶喜に召されて上洛を決意した。それまで彼は毛利・島津諸侯の招聘にも応ぜず、松代に在って自重していたのである。門人の北沢正誠がかけつけて、先生は常に易を好んで、事あれば筮を執られるが、今度のことは何と出ましたかと尋ねた。流石(さすが)象山である、占筮は事に当って惑う時に用いるものである。今度の行は、内外多難の国事に挺身するので、吉凶は問う所でない、敢て占筮を要せぬと答えた。それでも大事の場合であるからというので、然らばと象山も意動いて筮したところが、沢天夬(かい)䷪の上爻変、夬の乾に之(ゆ)くに遇うた。卦辞に、「王庭に揚ぐ。孚(まこと)ありて号(さけ)び、厲(れい)あり。戎(じゅう)に即(つ)くに利ならず」。上六の爻辞は「号(さけ)ぶ无(な)かれ。終(つい)に凶あり」。伝に、「終に長かるべからざるなり」とあって、明らかに凶占である。象山は戒慎する外はないといって、遂に上洛を決行し、木曽より駿馬を求め、都路と名づけ、これに乗って出立した。途中美濃の大垣で、小原鉄心を訪ね、談たまたま易に及び、占筮の結果を語ると、鉄心は暗然として黙した。上洛して七月十一日山階宮邸に伺候し、帰途刺客の凶刃に斃れたのである。北沢はこれを知って、占筮を思い出し、痛哭してやまなかったという。

占筮は試むるにその道を以てすれば、実に好い修養になる。もし占筮家が心を用うれば、随分人を救って、世に教化を及ぼすことができよう。

厳君平（げんくんぺい）（名は遵（じゅん））城市に占筮を業とし、日に数人を観るだけで、毎に卦詞によって人に忠孝を教え、日に何がしか生計の料を得れば肆（みせ）をたたんで簾を下し、「老子」を読んだ（「漢書」七二本伝）。好きな人である。

研究案内

参考書は一応書中に挙げて置いた。易に関する著書はそれこそ全く汗牛充棟である。

初学の人が「易経」を読むのには公田連太郎氏の「易経講話」五巻が最も親切丁寧である。

特色のあるものとしては藤村与六氏の「易の新研究」（昭和七年初版）。令婿鈴木由次郎氏による「周易」（アテネ新書・昭和三十二年初版）がある。

占筮を重んずる人には定評ある高島・児玉両氏の著述の外に、近くは加藤大岳氏の「易学講座」八巻が流行している。

長岡理泉氏の「易学日本義」は神道信仰の見識から著されたもので、その道の人々に喜ばれるものである。

磯田英一氏の論攷「真勢中州の易哲学」も占筮研究の好資料である。

専門的研究を志す人々は、

上野清氏著　易学の研究
兼坂晋氏著　易学概観
武内義雄氏著　易と中庸の研究
小林信明氏著　中国上代　陰陽五行思想の研究
今井宇三郎氏著　宋代易学の研究
山県初男氏著　易経と老子の比較研究
林泰輔氏著　周公と其の時代
飯島忠夫氏著　支那古代史論。支那天文学の組織と起原
新城新蔵氏著　東洋天文学史研究
島邦男氏著　殷虚卜辞研究
佐野学氏著　殷周革命
貝塚茂樹氏著　古代殷帝国
出石誠彦氏著　支那上代思想史研究
津田左右吉氏著　易の研究（儒教研究第一）

重沢俊郎氏著　周漢思想研究

陶希聖氏著　支那封建社会史

新しいところでは、

聞一多氏著　周易義証類纂（古典新義下）

のような書類を一通り渉猟するかたわら、本筋の古典を読まれるがよい。

古易説を集大成したものは、唐初孔頴達（くようだつ）・顔師古等の奉勅選になる周易正義十巻である。

古易では特に三国・呉の虞翻を重んぜねばならない。易界古今の大家である。これには清の張恵言の周易虞氏義がよい。

宋代ではとにかく伊川の易伝である。

明代になって、来知徳の周易集注。

清代になって、御纂周易述義並びに折中。

日本では、

伊藤東涯の周易経翼通解。

佐藤一斎の周易欄外書。

三浦梅園の玄語・贅語・敢語等。

新井白蛾の諸著。

明治になって根本通明・渋江羽化・渡辺千春・遠藤隆吉・宇野哲人諸氏の著が弘く世に行われている。

それからは自らの好む所に従って、古今中日諸家の専門研究に深く造詣すればよいと思う。

近来、独逸のヤスパース教授 K.Jaspers や、英のトインビー教授 A.Toynbee 米のクリール教授 H.Creel らによって易が新に世に知らされたが、これからは外国学者の易学研究も盛んになろう。James Legge によって世に知られた The Sacred Books of China の第二巻に易経 The Yi King が訳されている。

今手許にあるのはZ.D.Sung：The Text of Yi King. 及び同氏の The Symbols of Yi King or The Symbols of the Chinese Logic of Changes であるが、これからの知識人に易を解説する方法・様式に甚だ参考になるものがある。

「易経」本文の解説

周易上経

乾（けん）　天上天下　䷀　乾為天（けんいてん）　〈発動・開顕（分化発展）の原則〉

人間の感覚に現れる形体的な天を、その本質・作用に即して乾（けん）という。乾は健であり、万物を生成化育して息（や）むことがない。

乾は元（げん）である。

元には大要三つの意義がある。その一は、部分的な雑多に対する渾然たる全一、西洋哲学で言えばthe complete wholeである。そこで日本語では、これを大と同じに訓む。その二は空間的・立体的に根本・基をさす。即（すなわ）ち「もと」である。その三は、時間的・生起的意味で、始まり、即（すなわ）ち「はじめ」である。これらの三義を統一含蓄しているので、大・多・勝の三義を含む「摩訶（まか）」と同じように、「元（げん）」と音読する。

乾は亨（こう）である。

亨は進行であり、通達である。即ち「とおる」である。窮する・ゆきづまる・終止するということがない。

乾は利である。

利の禾は穂を垂れた「いね」を表し、刂は刀のことで、刀を砥石にぴったり合せたものである。刃物を砥石にぴったり合せれば、よく光って、鋭くなり、よく切れる、役に立つ。故に利を「とし」、「きく」、或はまた「かがやく」*と訓むわけである。

* 足利の利をあしかがとよむのはこの理によると、黒川春村がその「碩鼠漫筆」に説いている。

天の万物を生成化育する偉大なる力はどこまでもみごとな、きびきびした、有用・有意義なものである。

乾は貞である。

貞は安定であり、不変であり、永久である。故に「さだ」、「かたし」、「ただし」と訓む。元来貞は鼎を省略した文字とされており、卜（うらない）と貝とからきておる。貝は卜いの時、神にささげる供物を意味し、卜い問う意味に使われておった。即ち貞うに利しである。「尚書」や「左伝」によると、内卦を貞（外卦を悔。「古文尚書」には𠧩に作る）と称している。永く一貫して変らぬ正しい行事であって、始めてトうに足るのである。

この元・亨・利・貞は乾（坤についても同じ）の四徳と称されるものであるが、経文を義理（実践哲学）の立場よりも、本来占辞（占断の言葉）として見るべきものであるという理由を以て、「乾は元に亨る。貞に利し」と訓む。他の卦も皆同然である。

＊ 朱子も「元亨利貞は天道の常なり」と説くと同時に、この訓訳を主張している（『周易本義』）が、『御纂周易折中』もこれを妥当と認めている。

易経総論ともいうべき繋辞伝を承けて、その各論とも見られる文言伝には、「元」を善の発展（善の長）、「亨」を善の（嘉の会。嘉の上部は楽器を表し、美しい諧調の音楽から生ずる楽しい感情を意味する。即ち「よみ」すである）、「利」は義の実践を積んでゆく結果（義の和）、即ち義を実行してゆくことが自然に誠の利になるのであり、「貞」は物事の成立する大本・幹（事の幹）であると論じている。

天の運行は是の如く健である。君子は自ら強（彊も同じ）めて息まない。＊

自然と人間とをこういう風に相即一貫して省察する所に易哲学の妙旨がある。

＊ 「象曰天行健。君子以自強不息」。

この限りなく自己を創造化成してゆく人間の道徳的努力（乾）の過程を更に六爻が＊龍を仮って明解している。

＊ 龍は偉大な活動力、決して全貌を現すことのない神秘性、極まることのない変化性など、つまり造化の象徴である。

初九　潜龍である。用いてはならない。即ち社会的に表立って活動してはならない。あくまでも自己を表さず、潜行密用せねばならぬ。ひそかに深く内面的に自己を養わねばならぬ。世を遯れて悶えず、是しとせられずとも悶えず、確乎としてどうすることもできない不抜さを要する。

九二　初九のひそかな自己修養の結果、おのずから人の注目する所となって、その姿を表すに至った見龍である。大人に就いて学ぶほどよい。そして、言は常に信有り、行は常に謹み、邪を閑いで、その誠を存し、善・大（世）なるも伐らず、徳博くして、おのずから他を化するようでなければならぬ。

九三　調子に乗って出すぎる嫌いがある。終日努力し、夕べに反省して惕れる所があれば、厲いが咎はない。能く徳に進み、業を修めることである。変らざる向上の努力（忠信）によって徳に進む。言語を修めて真実を表現し得ることによって業も維持できる。終始を全うすることが与にできるようにならねばならぬ。

これまでは内卦・下卦であるから、内面的・準備的段階である。この後四爻に至って始めて社会的存在・活動の舞台（外卦・上卦）に移る、即ち飛龍となるのである。

九四　外卦の初爻であり、下卦の初九に応ずるものであるから、飛躍してよろしいが、なお未だ淵に在る、即ち内面的な謙虚な工夫がなければならぬ。さすれば咎はない。

九五　従来の工夫努力によって、おのずから飛龍・天に在る境致である。しかもなお二爻に応じて、勝れた人物に見（まみ）えて教を受けねばならぬ。

上九　活動・顕現の極致である。亢龍である。悔いがある。創造は変化である。長く終止し、固定することがない。久しからずして変ずる。上九変ずれば䷪沢上・天下の夬（かい）の卦となる。人と競わず、功に驕（おご）らず、悦んで「徳に居て、自ら忘るる」概がなければならぬ。去って新に初爻に立てば、天上・風下の姤（こう）の卦となる、遇う所を慎んで、やはり己を虚しうし、私を去らねばならぬ。

用九　これは乾坤（用六）二卦にのみ置いてある。つまり九（陽）と六（陰）との行動原理を明らかにしたものである。用九の場合、「天徳・首たるべからざるなり」と説いて、どこまでも謙虚に、自ら誇示してはならないと教えている。

各爻を過程としてに止まらず、地位身分として見るも理相通ずる。即（すなわ）ちこれを政府に適用すれば、初爻は一般役人、二爻は主任・課長級、三爻は部局長級、四爻は各省大臣級、五爻は総理大臣、上爻は顧問・先輩級に当る。推究すれば、一々妙旨を覚えることができる。

坤（こん） 地上地下 ䷁ 坤為地 〈守静・成物（統一含蓄）の原則〉

乾（天）が各爻すべて陽なるに対して、坤（地）はすべて陰なる卦である。乾が陽性の卦の代表なるに対して、坤は陰性の卦の代表である。

陽性が活動・顕現・分化・競争・発展なるに対して、陰性は守静・幽潜・統一・調和・含蓄である。この坤の裏づけがあって、始めて乾の生成発展も行われる。天・造化は陽性の面から言えば「大いなるかな乾元（けんげん）」（乾卦彖伝）であるが、陰性の面から言えば、確（たしか）に「至れるかな坤元（こんげん）」（坤卦彖伝）である。万物の発生はこれに資（よ）る。造化に順って、これを承（たす）け、無限に物を包容して、生成化育を遂げてゆく。「天行」に対して言えば、「地勢」である。

坤もとより元にして亨（とお）る。利貞であるが、「牝馬の貞に利（よろ）し」（彖辞*）。

乾の象徴が龍であるに比して、坤を象徴する一は馬である、牝馬である、女性である。貞にも色々の種類があるが、坤の貞は女性の貞である。剛健の貞でなく、柔順の貞、すべて安んじて貞なるがよろし。先をきることは陽の作用であるから、陰には向かない、迷う。後にまわれば、応ずる者・主を得、常（一貫不変）であることができる。

地勢は坤である。君子は徳を厚くし、物を載する（大象）。

乾の大象、「天行健。君子自強息まず」と相待って益々妙である。

＊　坤卦の卦辞には「西南に朋を得、東北に朋を喪う利し」という占辞がはいっている。後世では要するによく分らない種類の一であるが、象伝に、「西南・朋を得とは乃ち類と行くなり。東北・朋を喪うとは乃ち終に慶有るなり」と説いている。西南は坤（未申の方角）であるから同類である。東北は艮（丑寅の方角）☶で陽卦であるから、朋を喪うことになるが、安らかにして渝らぬ徳を以てすれば、いずれにしても慶があるの意である。

文言伝はよく坤道の原理を要説している。乾の剛に対して、坤は至柔である。しかも動けば剛である、力が強い。乾の動に対して至静であって、内面的には能く純一を保ち、外に対しては正しい関係を整えてゆく。後にまわって主とする所を得、常を有し、万物を包容して、その造化のはたらきは偉大である。坤道は「順」と言うべきものであろう。天を承けて間断なく遂行すると。

その坤道順行の過程を各爻について考察しよう。

初六　霜を履んで堅冰至る。霜が来れば、やがて堅い冰がはるようになる。物事は最初目立たぬようでも、だんだん推し進めてゆくと大変なことになるものである。馴致ということを慎まねばならぬ。積善の家には必ず余慶があり、積不善の家には必ず余殃（積んだ余りの災）がある。臣にして、その君を弑し、子にしてその父を殺すのは、一朝一夕の故ではない。その由来するところのものが積り積ってのことである。これを覚って早く処理しないからである。習慣の大切なことはこの理による。もし早く良い習慣をつけて、これを育てあげてゆけば、どんな大善を成すこともできるのである。

六二　初に生の徳を順に養ってゆけば、やがて内面的には正直に、外に対しては良く治まるようになるものである。無理しないでも効果のあがらぬことはない。

＊「直方大。不習无不利」（爻辞）。「直其正也。方其義也。君子敬以直内。義以方外。敬義立而徳不孤」（文言）。

六三　初と二との段階を経て、光彩（章）が出る処であるが、それをあくまで内に含んで（含章）、従来と変らぬようでなければならぬ。さすれば、ことという時におのずから外に発してわかるものである。場合によっては国家の問題にも従事するが、表立っては行らずに、新陳代謝の激しい陽性に代って、安らかに能く終を有たねばならぬ。

六四　これから外卦に移るので、自然に従来三爻の成果が表れる段階であるが、なお且つ充実した嚢（ふくろ）の口を締め括って慎めば害はない。

六五　此処まで慎んで内実を充たしてくれれば（文中）、黄裳*を着して元吉である。

＊　王者の衣裳。黄を中色とする。事実、科学的実験に徴して、黄色光は最も能く物の生命を育成する力がある。

上六　然るに坤道の極は陽に通じ、多年の陰徳を遺れて、その功徳に驕り、龍・野に戦うて、その血・

玄黄なるようなことになるものである。

用六　そこで坤道・陰徳というものは、いつまでも変らぬものでなければならぬ。* かくしてこそ終を大にすることができる。

＊「利永貞」（象辞）。「用六永貞以大終也」（象伝）。

上六の場合、誤れば上爻変じて䷖山上・地下・剝(はく)の卦となる。折角多年の功徳も剝落する。去って新に初爻に就けば䷗地上・雷下・復(ふく)の卦となる。行(や)り直しである。

屯(ちゅん)　水上雷下　䷂　水雷屯　〈草創のなやみ〉

屯は物の始生である。乾坤定まって万物始生するが、まだ生長の始であるから、育つ悩みを免れない。二・三・四爻と三・四・五爻とを約した互卦を見ると、山地剝の卦で、生の危険を包含している。卦の面では雲雨濛々として雷電閃々たる天地草昧の姿を表している。元に亨る。貞に利(よろ)しいが、まだ自重して、軽々しく動いてはならない。注意して補強を計らねばならぬ。

＊（卦辞）「侯を建つるに利(よ)し」。国家の成立に当り、諸侯を封建して中央政権の補強を計る意である。

初九　進みがたいが、正を行う志を以て自重し、低姿勢で、大いに民心を得るようでなければならぬ。

六二　色々の問題が持ち上がるが、すべて思うようにゆかぬ。常に貞正を守って誘惑されぬようにしておれば、時至ってしっかりした本道に就くことができる。

六三　案内者無しに鹿を逐うて林中に入るようなことがあってはならない。必ず行きづまる。機を見て止めるがよい。

六四　初爻と正応する。智慧をはたらかせ、初心をたずねてゆけばよろしい。

九五　外卦の中位であり、五の陽位に陽爻であるから正中するものである。吉であるが、何分にもまだ開創の初期である。徳沢を及ぼすまでに至っておらない。分を守れば吉。大きく構えると凶*である。

＊（象辞）「屯其膏。小貞吉・大貞凶」。小貞・大貞の語、玩味するを要する。

上六　幾多の困難を冒して創業してゆく至極であるから、迷い多く、涙が絶えない。然し勝負は速い。

蒙　山上 水下　䷃　山水蒙　〈未開発の状態〉

蒙は「ねなしかづら」のような蔓草である。はびこって物を蔽う蒙昧である。卦面から見れば、渓を渉り、山に入る象であり、山下に出泉ある象であり、屯の草昧を受けて、開発に当ろうという所である。人間で言えば、赤子を経て、児童少年の時代（童蒙）である。*

＊宋の鄭汝諧は「赤子の心は万善皆備わる。特だ蒙にして未だ覚らざるのみ」（「易翼伝」）と云っている。近代の科学的研究によっても、生後三年にして脳髄は成人の八〇％程度に発達し、その頃から六、七歳頃までに性格の型が定まり、知能の基本的なものもその頃著しく発達し、少年の非行犯罪も、この時期に十分予知される。

この時代は適当な開発即ち啓蒙を待っている。特に正を養うことが聖なる仕事である。きびきびと実行力をつけ、徳を育わねばならぬ。*

＊（彖伝）「蒙以養正。聖功也」。（大象）「君子以果行育徳」。「易経」はこの卦において児童の教育原則を明示している。故に教育に志ある人々にしてこの蒙字を雅号に用いている者が多い。蒙斎・蒙庵・蒙谷・蒙山等その例である。

占の場合、初筮には告げるが、再三すれば瀆る。瀆れては告げることをしない。それだけ真剣な厳しいものである。不真面目を許さない。

初六　理想像・模範・型を示して、良くしつけるがよい。自由を誤って放縦にすることはよくない。

九二　少年の本質を全うせねばならぬ（包蒙）。好い配合・良友・切磋琢磨の相手を得させるがよい。何でもよくできるものである。

六三　誘惑にかからぬようにせねばならぬ。誘惑されるような相手を見ると、身が持てない。

六四　真実の自己を発見しようとして悩むものである（困蒙）。

六五　陽位に陰在し、九二に正応する。少年の純真性を保全して、柔順に教を受け、正を養い、徳を育えばよい。

上九　少年敢育の究極は鍛錬陶冶にある（撃蒙）。ただ、憎んだり傷めつけてはいけない。邪悪から禦いでやるがよい。

需　水上天下　䷄　水天需〈待望・需要〉

需は須である（彖伝）、待つ意味である。卦面より見ても、剛健な心身を以て険難を前に待機している象である。互卦を見れば火沢睽の卦で、内に矛盾や争いを含むが、それは発達の前の修行である。蒙の卦を受けて考察すれば、需は「もとむ」であり、「濡う」にも通ずる。児童期をすぎて、あらゆる性能が一斉に発育し、道徳・学問・芸術等色々の要求に応じて、豊富な教養に浸って心身を濡すべき時期である。

＊　需は文字学的には雨・而の合と解せられる。而は古文天と同字。大象に「雲・天に上るは需」とあるのとよく合致する（葛城学蒼氏、藤村与六氏説「易の新研究」）。互卦を火にかけて料理する象と見る（元の易学大家胡一桂「周易本義纂註附録」）のも妙味がある。

卦辞に始めて「有孚」という語が出てくる。「孚（まこと）有り」と訓み習わしている。この孚は本来卵の孵化することである。時満ちて内に在る性命が外に発生する意味の「まこと」である。学子を例にとれば、四、五歳頃から知能の発育著しく、記憶力は七歳頃、注意力は十歳頃に十分である。道徳感情も五歳頃から発達する。涵養宜しきを得れば大発達して（光亨）、いかなる大事難事に当ってもよろしい。

＊　光亨の光は恐らく元の誤であろう（聞一多説）。

「君子以て飲食宴楽す」と大象に説いている。発育盛りは食欲旺盛なるべきである。肉体的飲食ばかりではない。大いに精神的飲食を盛んにせねばならぬ。近来の学子のような不勉強や、浅薄なダイジェスト物ではだめである。

初九　乾の初九に同じく、謙虚に、他日を期して修養し、しっかりした、変らぬ志操習慣を身につけねばならぬ。

＊　（象辞）「利用恒」。

九二　やや問題はあるが、優游修養するのが結局よい。
九三　厄介な問題にぶつかる。敬虔に慎重にしてゆけば失敗はない。
六四　外卦即ち外の険難に立つのである。随って心血を注ぐような苦心努力を要するが、初心を忘れず、教を聴いてゆけば一先ず脱れることができる。
＊（象辞）「血に需つ」とあるが、二・三爻の用例に視て、血を洫（城池）とするも解し易い。
九五　修養努力の結果、余裕綽々大いに楽しむ境致である。
豊臣秀吉が小田原城攻めに当って、悠々と歌舞宴楽したことをよく例に引く所である。
上六　問題に深入りして解脱に苦しむ所であるが、修養道徳のおかげで、思わぬ人々から助言を受けることができる。敬虔に聞けば結局よい。
＊この爻辞に有名な「速かざるの客三人来る有り」の語がある。敬を驚とする考証があるが、ここでは採らぬことにした（聞氏「古典新義」下）。

訟　天上水下　䷅　天水訟　〈矛盾・訴訟〉

発達過程に内面的・対他的矛盾苦悩（訟）は附きものである。その為に行きづまる。卦辞に「孚有りて窒(ふさ)がる」と指摘している。大いに反省警戒（惕）して、あくまでその矛盾訴訟を正しく克服してゆけばよい。徒にけりをつけようとすることは凶(わる)い。それは正邪得失を見極めずに、物事を一時的に解決しようとするから、かえって禍根を残すことになる。

＊　原文卦辞「惕中吉。終凶」。この中を、合せて二で割るような中の意に解し、ほどほどに解決すべきで、つきつめて解決しようとするのは凶と説くのが通例であるが、これは俗解で、誤である。

この場合経験を積んだ勝れた先輩大人の教を聞くがよろしい。大事に当ることはよくない。卦面より見るも、天は上り、水は下る。上下背(そむ)き離れる象で、しっくりしない。後世の易説である雑卦に、「訟は親しまざるなり」と説いている通りである。

そもそも事を作(な)すには、始を謀ることが大切である（大象）。

初六　あらそいごと（訟）を長びかしてはいけない。少々問題はあっても、始の中ならば、是非善悪の弁別は明らかである。

九二　私欲から権威ある上と訟(あらそ)うことはできない。己に帰って訟から逋(のが)れることである。ささやかな領域を守っておれば災はない。九二は九五と応ぜず、しかも彼は正中である。

六三　故(ふる)くからの徳義に生きるようにせねばならぬ。貞なれば、厲(あやう)くても終には吉である。国家社会の事に従っても、自己を主張してはいけない。

九四　初爻と正応する。訟いつづけることはうまくいかない。初心に復って、態度を改め、自己の正道を失わぬように安んじておれば吉。

九五　かく何等非難される態度や固執なく、正道を踏んで立てば、訟も元に吉である。

上九　訟に克って大いに得る所があり、喜びに堪えぬようであっても、元来訟であるから、重んずるに足りない。

＊　象辞に「終朝三褫之」とある。終朝に三たび之をうばわる、と解するのが通論である。然し牽強附会の憾を免れない。鄭玄は拕として、ひきずる意味に解しているが、この方がまだよい。褫は喜びのあまり脱いだり着たりの意に解すればよいと思う。

師　地上 水下　☷☵　地水師　〈集団と闘争〉

人は社会的動物といわれる。群居性・集団性を持っている。師は多衆である、「もろもろ」である。また安全の為に防衛を必要とし、軍隊を設置する。師は軍隊である。従って軍事・戦争を意味する。卦面より見れば、地中に水が集まる象である。これによって、大象は「君子以て民を容れ衆を畜う」と説いている。衆を以いるには一貫して正しくなければならぬ。さすれば王たることができる。険を行うて（内卦坎）、順う（外卦坤）象で、戦争も正義の故ならば、天下を毒め(くるし)ても民これに従う。吉である。何の咎があろうか。

初六　軍隊を動員するには軍律がなければならぬ。これがなければ、いかに正義の戦でも凶である。

九二　外国を悦服させ、王の信寵を受けるようなれば吉である。*

＊　この象伝に「在師中吉。承天寵也。王三錫命懐万邦也」を、宋の項安世（平甫）は「承天寵」と「懐万邦」とを前後倒置としている。当っているから、この説を採った。

六三　戦い利あらず、犠牲者を出す。凶。

六四　陣を堅くして不動*の態勢を要する。

＊　（象辞）「左次」とあるが、しりぞきやどると解し、軍を収拾して返し、覆滅を免れる意とするのが通例であるが、これは佐藤一斎等も説いている通り、師を按じてその服するを待つ意の方が正しい。

六五　野禽が農作物に害ある時は田猟してもよいように、侵略者が良民を害する時、軍隊を動員してよい。ただし名実共に大将にその人を得ねばならぬ。それでなければ名分の立った戦でも凶である。

上六　究極する所、国家の為に正しい意義功用がなければならぬ。小人を用いてはならない。必ず邦を乱るからである。

比（ひ） 水上地下 ䷇ 水地比 〈親附と派閥〉

師の逆に、衆が親しんで輔けあうのを比とする。上の一陽を推戴して、下の衆陰が順ってゆく象である。最初からおおらかで、いつまでも変らぬものであれば、咎はない。しっくりしなかった者も形勢を見て、やってくるであろう。後になってやってくる者はよくない。*然るにとかく比は陰の常として、私心・私情を以て、悪がたまりになろうとする傾向がある。あくまでも誠でなければならぬ。

＊（彖辞）「後夫凶」。

初六　自然に感応する所があって親しむのは咎ない。溢れるほどの誠意があれば、結局予想外の吉事があろう。

六二　内心から親附して、変ることなければ吉である。

六三　「比之匪人*」（爻辞）。匪人に（之）比す。小人にたかられて自ら誤ることを警戒せねばならぬの意。

＊　匪人は強制労役に服する罪人であり、疲民・悪人・小人を意味する（聞一多氏考証）。

六四　上の賢人に親しんで、変ることなければ吉である。

九五　堂々と交親すべきものである。王が三方から前なる禽を駆り立てて、逃げる者は逃がしてやるように、寛大を示せば、衆は安心して附いてくる。吉である。

上六　上六の応爻は六三である。正応せず。自ら五爻の上に位して、敢てこれを親しみ輔けることに甘んぜず、推戴するもの無くして孤独である。始の卦辞にある「後夫凶」なるものに該当する。

上爻変ずれば ䷓ 風地観の卦となる。敬虔な態度で宗教的精神を発揮し、衆人の敬仰する所とならねばならぬ。

小畜（しょうちく）　風上天下　䷈　風天小畜　〈進歩と内省〉

巽（そん）の一陰が二陽を負い、乾の三陽を畜止するの象である。陰陽交われば雨となるが、ここでは衆陽に対して一陰の力は弱い。雨とならず、密雲となって西郊より動く。六四は二・三・四即（すなわ）ち兌（だ）の上爻であり、天上の雲である。また西方に当る。大いに為すあらんとして停滞している所である。下卦は乾の健であるが、上卦は巽（そん）であるから、己を空しうして能（よ）く従う。巽は「したがう」である。中爻皆剛で、乃（すなわ）ち亨る。志行われるのである。進むことが大切である。文徳を立派にせねばならぬ。

初九　乾の初爻である。進まんとして復り、道にしたがう。何の咎があろう、吉である。
九二　初九と相牽いて、道に復って往けば吉である。
九三　勢よく進んできたのはよいが、ここに至って六四の陰に沮まれ、車体のつなぎがとれて、自壊する危険がある。夫妻の歩調が合わず、反目するような破目になる嫌いがある。
六四　道を履んで努力すれば、その効あって、悩みは去り、上・志を合して吉である。
九五　上下志を合して、独り富むことなく、隣人と共に栄える。
上九　一貫した道義的実践によって目的を達した境致である。然し陰の位にある陽爻であるから、婦人は特に戒慎を要する。月で言えば満月に近い。満つれば虧ける。君子も進みすぎるといけない。自分は善いと思っていても疑わしい所があるのである。

履　天上 沢下　䷉　天沢履　〈実行の原則〉

乾天の剛に対して、兌沢は柔である、和である。上の有為に対して、下・柔和に随う象であり、上下の分・明らかに、相待って志を実践してゆく規範であるから履と名づけるわけである。また一面より見れば、柔克く剛を制する象である。卦辞に「虎の尾を履むも、人を咥わず。亨る」とあるは、このことを意味する。

初九　あるがままにやっていって咎はない。

＊辞に「素履」とあり、伝に「独行願」とある。

九二　何の険しいこともなく、坦々と行くのである。独り静かに、世の喧騒の中に入らず、その志を行う人（幽人）、節を変えないでゆくのが吉。

六三　この時にがらにもない野心を起し、自負心を起して、甘い考でゆくと、虎の尾を履んで、がっぷりやられることになる。凶。武人が大君になる、即ち軍人が政権を執って、意気のみ盛んであるが、思慮の足りないようなものである。

九四　勇気を以て遂行すべきである。十分反省し戒慎すれば結局吉。

九五　断乎として決行すべきである。志節一貫していても厲いが、位・正当であるからよい。

＊（象辞）「夬履」。素履を糸履とし、夬履を葛履とする説がある（聞一多氏）。

上九　実践の究極の問題は、平生の行いを視て、それがどういうめでたい応報（祥）になって現れるかを考察することである。人間の運・不運は平生いかなる行いをするかによって定まる。立派な行いをくり返しやっておれば元吉である。大いなる慶びがあるのである。

＊（象辞）「視履考祥」。

泰（たい） 地上天上 ☷☰ 地天泰 〈発達と安泰〉

辞に、「小往き大来る。吉。亨る」とあるが、小は陰であり、大は陽である。陽は上り、陰は下る。伝に説いている通り、天地交わって万物通ずる象である。上下交わってその志同ずるものである。内陽にして、外陰である。内健にして外順である。内君子にして、外小人である。君子の道長じて、小人の道消えるのである。

大象に「后（きみ）以て天地の道を財成し、天地の宜を輔相して、以て民を左（たす）け右（たす）く」と説いている。財成は裁成に同じ。反物（たんもの）を裁（た）って衣服に縫いあげるように、素財（材）を有用な物にしあげることである。天地創造化育のはたらき（道）を人間の有用なものに応用し、天地が造化したもの（宜、義）に人功を加えて、民衆の利便に供するという意味である。

古来売卜者の店頭に、よくこの卦を表示してあるが、まことに当を得ている。

初九　同志の一脈相通ずる者相率いてゆくがよい。

九二　啓発された、文化的なものだけでなく、野性的なもの、未開なものも包容*する度量を持ち、河を徒渉する（馮河）ぐらいの勇気を以て、疎遠な者も遺（わす）れず、さりとてぐるになって私を行う徒党派閥を亡くしてゆけば、向上進歩の道に合して（尚于中行）光大になろう。

＊「包荒。用馮河。不遐遺。朋亡」。包荒の荒を瓜の音の転化、包荒を匏瓜とし、これを浮袋にして用て河を馮れば遺つるにいたらずと読む説（聞一多氏）もあるが、通説にしたがった。

九三　平らかなるものにして傾（陂）かぬはなく、往くものにして復らぬはない。どんなに艱みがあろうとも志節を変えずにゆけば咎はない。その孚を恤え疑うことはない。孚は必ずそれだけの験あるものである。生活にも恵まれるであろう。

＊（辞）「于食有福」。道を行えば「禄其の中に在り」（「論語」為政・衛霊公）と同義である。

六四　三陽の上に在り、富貴に到達した位であるが、構えこまずに、気軽く賢者に下り、隣の六五である貴人まで誘うようであれば、おのずから大いに効果があろう。

六五　あくまでも謙虚にして賢に結ぶこと、帝乙がその妹を賢臣に配したようであれば、自然の祉いあって元吉である。

＊帝乙は殷王、或は聖天子たる湯、その名帝乙のこととするなど、諸説がある。

上六　昔からいかに泰平の世も、必ずだんだんに衰替するようになるものである（「程伝」）。城郭崩壊して濠池を埋めることを警戒せねばならぬ。軍隊を動かしてはならない。無理な戦争を敢てするのが最も危険なことである。その果は支配権を失って土崩瓦壊し、辛うじて都邑に虚位を擁するのみということにもなる。

＊（辞）「自邑告命」。諸説あるが、右の如く解する。

否（ひ）　天上地下　☰☷　天地否　〈ゆきづまりと打開〉

泰の逆である。天地交わらずして万物通ぜず、上下交わらずして国家の体を成さない。内陰にして外陽。内柔にして外剛、内小人にして外君子なるものである。小人の道長じて、君子の道消することである。

卦辞に、「否之匪人。不利君子貞」と断じている。「否之匪人」は解し難い。朱子は恐らく之匪人の三字はまちがって混入したものだろうとしているが、伝にも繰り返されてあるし、「比」の三爻に比之匪人という辞もあるから、やはり無視できない。そこで在来は「之を否（塞）ぐは人に匪ず」とするか、「否は之人に匪ず」と無理に解説してきた。然しこの辞については本書比卦（九六頁）に明らかにした通り、聞一多氏がその「古典新義」の中に考証して的確である。これは「匪人に塞がる」（之は於に同じ）で、匪人は強制労役に服する罪人であるが、転じて、悪人・疲民・窮人を意味する。この卦は正にソ連や中共の恐怖政治・強制労働政策を連想させるものがある。「君子の貞に利ならず」は切実である。平たく言えば、常道ではまずい。正直者が損をするどころか、どんなめにあわされるかわからない。そこで大象に、「君子以て徳を倹し、難を辟け、栄と禄とに可ならず」[*]と説いている。

＊「不可栄以禄」。栄の字、古本営に作っている。営・栄・熒皆惑に通ずる。「まどわすに禄を以てすべからず」の意とも解せられる（例・清の王引之「経伝釈詞」）。「栄するに禄を以てすべからず」、或は「栄えて以て禄すべからず」の通説でも差支えはない。

「徳を倹す」とは徳をひかえめにして目だたぬようにすることである。人望を集めたり、人から尊敬されたりすると、どんなに忌まれて迫害されるかわからない。出世し富裕になって人に羨まれることも危険である。

初六　小人は一人が挙がると、ぞろぞろ同類相牽くものである。すでに君子にとって危いことは察知できるが、まだ否の始で力が弱いから、[*]君国を思う者志操を守って、一途に行っていて吉である。

＊この段、小人始めて進む時、何とか彼等の志をせめて君国の為にも向わせることができればよいとも解せられる。六爻すべて客観的に小人の道の長じかたとするか、これに対して君子の処すべき道を明らかにするものと観るか、いずれにも妥当する。

六二　九五の正中に正応する。小人は柔順に上の命を受容して、吉である。大人は理解されないが、争わずに進むことができる。

六三　陰を以て陽位に在り、上の九四に比し上九に応じ、上下否塞の主爻である。羞ずべく悪むべきものである。辞に「包羞（ほうしゅう）」とある。大人此処に在らば、羞を包み、恥を忍んで、事に当らねばならぬ。杜牧の名詩に所謂「包羞忍恥是男児」の境である。

九四　否の前三爻を過ぎた、乾の初爻である。時運漸く変じて、天命あらば咎はない。同志と幸福を得る。

＊　辞の「有命」を五爻の命、即ち（すなわ）王命と解し、陰位に在るを以て陽剛即ち（すなわ）積極的活動を慎み、上の命を奉じてゆく意にも解釈される。

九五　この場合、否の形勢は休止する。大人その徳を以て力を発揮すれば吉である。小人・望を達して安きに狎れることも考えられる。いずれにしても、叢生する桑樹を頼りにするにすぎない状態で、破滅の機を恐れねばならぬ。

上九　否は究竟これを打開せねばならぬ（傾否）。いつまでも否塞するわけはない。この爻変ずれば沢地萃（すい）である。大人に見（あ）うて和順し、大事を成すことができる。去って初爻に就けば風地観である。敬虔にして天下の仰ぎみる所となるべきものである。

終戦後、昭和二十二、三年頃、秋の一夜、上野の不忍池畔より山下広小路に出る途上、ふと売卜者の店先に☰☷天地否の卦を出してあるのが目にとまり、覚えず足を停めた。地天泰を書き誤ったものか、或は（あるい）時正に天地否というべき日本の否運を慨して、敢てこうしたのか。声をかけたいと思ったが、たまたま一婦人がその前に立って、易者先生やお筮竹を握ったものであるから、ついそのままに通りすぎた。私は今もその夜の占翁が、暗い火影に孤影蕭然として佇んでいた姿を忘れることができない。

同人（どうじん） 天上火下 ䷌ 天火同人 〈同志の結集〉

弘く同志を天下に求めて、*大いに文明を発揚する象である。卦の面より見れば、内卦の離火は知性の明を意味し、外卦は乾で、実行力に富む。二・五・位を得て正応し、大業を成すに利し。どこまでも大人君子の道を守ってゆくに宜し。それだけに、人物を類別して、明確に認識せねばならぬ。目がきかねばいけないのである。

＊（卦辞）「同人于野」。階級を設けず、公平自由に人材を求める意である。

初九　門戸を開放して同志を迎えれば文句はない。

＊（辞）「同人于門」。

六二　同志を集めたのはよいが、とかく親*しい者同志となる。うまくない。

＊（辞）「同人于宗」。

九三　野心を起して、伏兵を設けるような奸計をめぐらすが、なかなか望み通りにゆかぬ。遂行しようとしてはいけない。

九四　覇権をねらうが、だめである。困しんで則に反ればよい。

九五　同人の首班である。後を狙う者（四・三）の為に苦労するが、下の応爻である六二の賢士と心を合せてゆけば、いかなる妨害をも排除して、相見て笑えるようになる。二人心を同じうすれば、その利きこと金をも断つ。同心の言はその香り蘭の如きものがある。

上九　功成って現役を去れば、郊に遊ぶようなものである。人々は都内に集まって忙しい。訪ねくる者も少いが、優游自適しつつなおも志を失わねば悔ゆることはない。

大有　火上天下　䷍　火天大有　〈勢力の培養〉

日・天上に輝く象である。元に亨る。悪を遏め、善を揚げて、天*の休命に順うがよい。

＊（大象）「順天休命」。休は休息である、平和である、幸福である、偉大である。

然し中に含まれている互卦を見れば䷪沢天夬である。他に忌まれ、厲い所がある。裏返せば

（錯卦）䷇水地比で、孚（まこと）が大切である。でないと匪人に悩まねばならぬ。

初九　初に当って有害なことにかかりあうわけはないが、なおかつ驕りや、怠りや、小人に交わらぬように勉強すればよろし。

九二　大車*に重荷を積んでゆくようにすれば咎はない。

＊　徳川家康の家訓、「人の一生は重荷を負うて遠き道を行くが如し」と合致する。この爻の象伝に「積中不敗」ということがある。中に積みて敗れざるなりで、いかなる重荷も端に積めば顛覆しようが、中に積めば失敗することはない。積中はよく字（あざな）や雅名に用いられる。

九三　大有は此処に至って大いに力を有する。九五を天子とすれば、諸侯の位である。この時自らの勢力を私せず、その有する所を天子の為に捧げねばならぬ。*小人はそれができない。

＊　古い解釈では、その培養し得た実力の故に、天子の饗応を享けることができるが、小人は有害としてそれを許されないとする。

九四　三爻より更に進んで力も加わり、衆も集まった所であり、大臣の位である。この時に自ら驕り、また天子を凌ぐことのないよう、輔佐の任にふさわしく智慧をはたらかせて、謙虚を失わねば咎はない。

六五　孚（まこと）よりしておのずから上下の交り美しく、人々を感発せしめ、何の警戒の要もないから、安易自然で、しかも犯すことのできない威厳がある。吉。

上九　天よりこれを祐（たす）ける。吉にして利しからぬはない。

謙（けん）　地上山下　䷎　地山謙〈謙虚の徳用〉

大有を承（う）けるに謙を以てする。易理は実に深い。始有らぬはないが、終有るは少い。君子は終を慎む。天道は盈（みつ）るものを虧（か）いて謙なるものに益し、地道は盈を変じて謙に流し、鬼神は盈を害して謙に福（さいわい）し、人道は盈を悪（にく）んで謙を好む。謙は尊くして光り、卑（ひく）くしてしかも踰（こ）えることはできない。君子の終である。すでに大有である。次は公平でなければならぬ、均当でなければならぬ。

大象に曰く、「君子以て多を裒（へら）し、寡を益し、物を称（はか）り、施を平らかにす」と。

卦の面より言うも、高きもの下に在る象である。

初六　謙々、あくまでもへり下って自ら修養する。君子である。

六二　謙おのずから外に現れる、これを鳴謙という。貞なるほど吉である。

九三　益々（ますます）努力してしかも謙である。かくてこそ終有り吉である。万民が服する。易の諸卦、ほとんどが三爻においてその危機を指摘し、戒慎を説いている。独りこの謙の三爻において礼讃を惜まない。

六四　三爻の上の四爻である、謙なれば益々その感化を及ぼすことが大きい。*

＊　辞に、「无不利撝謙」とある。撝は「さし示す」、「さしまねく」、「揮う」等の意で、要するに発揚することである。右の辞は无不利と撝謙とを一句とし、或は二段に分つが、いずれにしても同じである。私はこの撝謙を前爻と并列させて、利ならざるなしを下に廻してよいと思う。

宋の太宗真宗を相けた、李沆と共に畏敬すべき李至は、この語を引いて、「撝謙なれば、天下・汝と強を争う莫し」（『宋名臣言行録』）と云っている。

六五　主たる者自ら富貴とせず、謙徳を以て衆を率いてゆけば、服せぬ者を征伐しても利し。*利しからぬことはない。

＊　辞に利をくり返しているのも珍しいことである。

上六　二爻と同じく鳴謙とあるが、これは馬融[*1]の註釈の通り冥謙であろう。何が謙であるかに惑うことである。同時に謙も過ぐれば侮りを受ける。[*2]或は自国の中に服せぬ者も出て折角の志もまだ達成できぬことになろう。こういう不逞の輩は征伐してよろしい。

上六変ずれば ䷳ 艮為山となって止まる。改めて無我となって、動静その時を失わぬようにせねばならぬ。

＊1　武内義雄著「易と中庸の研究」（彖辞・象辞の成立）参考。

＊2　宋の王宗伝らこの理を力説している（「童渓易伝」）。

豫（よ）　雷上地下　☳☷　雷地豫〈自適の道〉

大有を謙徳で承ければ必ず豫楽する（「程氏易伝」）。豫は「たのしむ」、「あそぶ」である。勢力もでき、人望も集まり、万事順調であるから、余裕綽々として遊び楽しむことができる。故に誤って「怠る」ことになる。これを「あらかじめ」よく考えて、道理に随ってゆかねばならぬ。遊び楽しむと、怠ると、あらかじめするとは、豫の三義である。卦の面より見れば、地上に陽気の雷動する象であり、春である。順（地）にして動く（雷）。天地・順を以て動く、故に日月過（あやま）らず、四時たがわぬ。聖人・順を以て動く。則ち刑罰清くして民服する。

豫は九四が主で、賢相・上下をよく輔導する象であり、外に有力な藩侯を建てて威令を行う象である。春遊に耽ってはならない。雷の奮うように、民心を高揚するような音楽を作り、徳を崇び、天帝や祖宗の祭を盛んにせねばならぬ。

初六　九四に応じ、どうも始に当って驕り楽しむ傾向が見える。早くも志・窮する。凶。

六二　志操の堅固なること石*のごとくして、速やかに怠惰逸楽を斥け、変らずにゆけば吉である。二爻は中正である。あくまでも中正でなければならぬ。

＊（辞）「介于石」。「石よりかたし」、或は「かたきこと石のごとし」と読む。蒋介石（中正）の名字の典拠である。

六三　「盱豫す」。悔ゆること。「遅ければ悔あり」（辞）。盱は目を張って上を視ること、みあげることで、九四を指すこと勿論である。二爻で戒慎せねばならぬのだが、どうしても驕奢逸楽に心ひかれる。これを悔ゆること遅ければ、文字通り後悔になるであろう。豫悔が大切である。

九四　「由豫す」。とにもかくにも前半三段階、謙徳を失わず修省努力してきたからには、自分よりも人々が有り難がって、自分を頼りに楽しむ。それが由豫である。*天下とともに楽しむこそ、志大いに行わるるのである。

＊象辞に「朋盍簪」の三字がある。盍は合であり、簪は聚である。疾しという意もある。そうなると案外速く仲間が聚まるという意である。朋は崩で、走る意とする考証がある（聞氏説）。

六五　九五の王位であるが、陰徳を以て居り、下に人望の盛んな権臣（九四）が居る。「貞にして疾む」ところがある。然し恒を失わねば亡びることはない。

上六　結局逸楽に目*がくらむ。然しそうなってもよく渝りさえすれば、積善のおかげを以て咎はない。

＊（辞）「冥豫」。

上爻変ずれば☲☷火地晋で、また地上に光明を放って進歩する。

随(ずい)　沢上雷下　䷐　沢雷随　〈順応と自得〉

魅力を感じて、人が争って附き随ってくる象である。成年の男子が乙女に随喜する象である。やはり貞なるに利(よろ)し。この時好い気になって共に遊び過してはならぬ。時が来れば、さっさと退いて、休養せねばならぬ。随のきびきびした動的意義は大なるものがある。

＊（彖伝）「随の時義大いなる哉」。（大象）「君子以て晦に嚮(むか)えば入りて宴息す」。

政党の領袖に追随者が沢山でき、首尾よく組閣したような場合など、これが適用さるべき切実な例である、即(すなわ)ち時義大なるものがある。この時首相たるもの皆と一緒になって愉快愉快では談ずるに足りない。夜になったら、さっさと政客の群を去り、斎に返ってゆったりとくつろぎ、有益な書を読むなり、会心の友と食を共にして清話するようでなければならぬ。

初九　今までの仕事が渝(かわ)ることがある。従前通り道を守ってゆけば吉。私党を作らず、正しい人々と弘く交わればよろし。

六二　九五と正応している。堂々と大義の為に随うべきである。それを初九と陰陽相引いて、卑しい結託をすれば、大切な人から見放されるであろう。

六三　この地位は最も私心無く、上下の結びとなるべき所である。然るに上なる九四に牽かれ、故旧・同人に背き易い。志操の渝らぬことが大切である。

九四　九五を輔ける権要の地、下の勢望を獲ることができるが、陰の位で、野心を持ち、上を凌ぐと解され易くて凶である。道義的に盟う所あれば、何の智もない。

＊「有孚在道以明」を郭沫若氏は有俘と解するが、妥当しない。明は盟である。

九五　どこまでも善を育ててゆくこと＊である。吉。

＊（辞）「孚于嘉。吉」とあり。嘉は善に同じ。嘉吉（故内田嘉吉の如き）の名はこれに拠る。

上六　随も極まると復た人心の離散となる。結局は、いかにしてこれを係ぎとめ、結びを強くする（維）かである。折角湯王より連綿と続いて来た殷朝も、紂王の末に至って、天下解体し、人民離散しようとするに方って、西伯（後の周・文王）西山（岐山）に亨って、新に人心を維いだ。興亡の理、ここにも深く省察すべきものがある。

蠱（こ） 山上風下 ䷑ 山風蠱 〈難問題の処理〉

卦の配列（序卦）はまことに深意を含んでいる。随の上六ですでに明らかであるが、蠱（こ）はそれを確説したもので、下卦の風は「巽（したが）う」であるが、それが山に当って艮（とどま）る象である。厄介な障碍（しょうがい）を処理してゆかねばならぬ問題である。蠱の文字自体・皿に蠱（うごめ）くっていることを示し、卦の面は、山下・風起って災害生ずる象あり。また三十女が自分より遥かに年下の青年を追ってゆく象でもある。問題が多い。然（しか）し恐れることはない。卦辞に、「元に亨る。大川を渉（わた）るに利（よろ）し」と断言し、伝に、これによって天下治まることを説き、大象に、「君子以て民を振わしめ、徳を育つ」と教えている。ただこの卦の辞に、「先甲三日、後甲三日」という普通ではわからぬ隠語がある。何でもないことで、甲は十干（甲・乙・丙・丁・戊・己・庚・辛・壬・癸）の甲であるから、その甲に先だつ三日は辛であり、後れる三日は丁である。辛は新に通じ、丁は丁寧である。即（すなわ）ち革新と丁寧、ゆきとどく、慎重を意味する。いかなる厄介な問題も、これをきっかけに新しく且つ懇切慎重にやれば、かえって好結果を生じて、人をひきつける。この卦の錯卦（裏返し）は前の随である。

この卦では木につき易い虫に関連して、事を処理するはたらきを幹（みき）の字で表し、能くすとか、おさむと訓ませている。幹事とはこれより生じた語である。

初六　ここでは父亡き後の問題を、子が亡父（考）の意を承けて処理することを示し、「父の蠱(こと)を幹(おさ)む。厲(あやう)きも終に吉」と説いている。

九二　問題がややたちいって、母にかかわってくる。「母の蠱」である。これは父の蠱のように簡単にはいかぬ。一本調子ではかたづかない。[*1] いろいろな矛盾をよくとり入れて解決せねばならぬ。[*2]

＊1（辞）「不可貞」。　＊2（伝）「得中道也」。

「不可貞」とするところなど、例によって易の捕われない、融通無碍の活きた dynamic 道義観が躍動している。

九三　前爻では陰位の中であるが、ここでは勇敢に処理してゆかねばならぬ。父の蠱を幹すである。やや悔あるも、大した咎はない。この卦・互卦を見れば、䷵雷沢帰妹で凶を含み、九三はその雷の三爻で、動くことは誠意でなければならぬ。この爻変ずれば䷃山水蒙となる。人を頼らず、あくまで誠意と実力とに待たねばならぬ。

六四　「父の蠱を裕(ゆるや)かにす」とある。てきぱきといかぬ所である。行(や)ってもうまくない。余力を残して慎重にする外はない。

六五　九二と正応して、ここに父の蠱を幹め、賞讃を博する。要するに亡き父の志を承けて徳を失わぬ為である。

上九　随の後の盛は要するに救済であり、徳の問題である。その極致は、何物を求めず、何者にも事(つか)えず、超然自立するだけの志あることが貴い。この爻辞に、「王侯に事(つか)えず其の事を高尚にす」と説いている。これは決して隠遁して世に驕る意味ではない。

臨(りん)　地上沢下　䷒　地沢臨〈対外活動〉

難事去って悦(よろこ)び（兌沢）順う（坤地）象である。* また少女・母に随う象であり、水辺より陸を望む、或(あるい)は陸の水に臨(のぞ)む象である。陽気漸進を表している。元に亨る。貞に利(よろ)し。指導者は限りなく教え思うて、民を包容し、保障せねばならぬ。陽気は進むこと速く、変ずることもまた速い。物盛んなれば衰えることもまた速い。卦辞に「八月に至って凶有り」とある。季節を卦で言えば、冬至の来る陰暦十一月（陽暦十二月）が即(すなわ)ち一陽来復䷗の卦の復に当り、この臨は十二月、正月が泰、四月が乾、五月が一陰始生䷫の姤(こう)、それより陰長じて、八月はちょうど臨の上下を顛倒した（綜卦）䷓風地観の卦となる。九月は剝、十月には地に帰する。観に至れば、臨の少女は早くも成女で、衆目の観る所となり、母は下って、娘を見上げねばならぬ。いつまでもおぼこ（処女）で、世間のことは何にもわからぬと思っていては、とんでもない危険である。この道理を深念して、どこまでも安心なものにしておかねばならぬというのである。

この臨は上より下に臨（のぞ）むのである。下が悦（よろこ）んで仰ぐのである。故に他に向って臨席を請うというのはよいが、自ら他に対して臨席ということは礼でない。次の賁（ひ）の卦と共に注意すべきことである。

＊　聞一多氏は臨を霖とするが、やはり旧説に従う。

初九　感動を以て正義に志すのである。志操を守れば吉。辞に咸臨*と称している。

＊　万延元年（西紀一八六〇年）二月、日米修交の最初の使節として木村摂津・新見豊前・村垣淡路・小栗豊後らが派遣せられた。その時の乗艦（勝安房が艦長）は咸臨丸である。即（すなわ）ちこの咸臨を採ったのである。「日本海軍艦船名考」に、「咸はみなと訓ず。気の相交り和する義なり。臨はのぞむと訓ず。咸臨は君臣互に親しみ厚く情洽（あまね）きの至なり。「易経」に咸臨貞吉とあり」と記されている。これでみると、咸臨の名は沢山咸の卦と地沢臨の卦と二つの名を併せたもののようであり、またこの臨の初爻の爻辞にも拠るようである。最初日本丸ともつけられたとのことであるが、安政大獄の翌年に当って、日本としては破天荒の太平洋横断、外国渡航の用船であることを思えば、どうしても臨の初爻の爻辞の方が適しい。咸はみなと訓ずる底のものではなく、感動の感である。

九二　咸臨を畳用して、「吉にして利ならざるなし」としている。その爻の伝に、「未だ命に順わざるなり」とあるのは見過せない。この爻は本来陰位で、九五と応ずべき中爻であるが、二・五入れ替って九二となっている。使命の為には時に必ずしも六五の命に盲従せず、機宜の処置を執るべきことを意味する。

六三　ここに至って咸臨が「甘臨」となってはならない。それは当初の感激を忘れ、好い加減にやってゆこうとすることである。これを心配して警戒すれば咎はない。

六四　正位にして初爻と正応している。沢の三爻に比して、懇切に臨まねばならぬ。これを「至臨」という。

六五　衆の悦服推戴するような智慧に輝いた臨みかたができれば吉である。

上六　臨の至極は、また功成り名遂げた人は、すべて人間味が敦くなければならぬ。何事に臨んでも積徳が敦くして、始めて人々の風俗も敦厚になる。これを「敦臨」とする。

観（かん）　風上 地下　䷓　風地観　〈国民教化と自戒〉

臨は要するに内なる誠を敦くすることである。それが宗教的敬虔さを以て表れたものがこの観である。衷心より誠意発して厳粛なる態度（顒若（ぎょうじゃく））を以て神前に進み、手を洗って、これから神にお供えをしようとする。それを参列の人々が粛然として観ておる、これが観だと卦辞に説いている。

観におのずから二つの場合がある。一つは大観といって、大処高処から見わたすことであり、他は仰観、即ち下より仰ぎみることである。大象に説いている通り、この卦は神に誓って自ら修め、人々の模範となり、広く世界を見わたし、民衆を観察して、教を布き、下々が仰ぎ観ておのずから感化されるようにすることである。

初六　児童のように純真な然し幼稚な心を以て観る場合である。童観という。普通人なら、これでも咎はないが、志あり、指導者としての責任ある人々、君子はこんなことでは足りない。

六二　地位低く、見狭く、わずかに窺きみる程度である。専ら家庭に生活する女子なら利しいが、丈夫はそれでは醜ずべきものである。窺（闚）観という。

六三　三爻は内卦の首で、これより愈々影響力の大きくなる立場に進む際であるから、自分の現在の実態、わが行績等をよく自ら観察して進退せねばならぬ。

六四　国家の政治教化がどのように行われ、文明がいかに発達しているかという、「国の光り」*を観る。そしてその人物材幹が単に臣事の程度に止まらず、能く国王の幕賓として尊重せられるほどがよろし。

＊　世に弘く使われている「観光」の語はこれに由るものである。

九五　国の光りはつまり国の統治者の反映である。王者はこの意味において、まず能く己自身の在りかたを反観せねばならぬ。

上九　究極はその生（在りかた）を観るのである。君子であれば咎はない。常にこれではいけないというだけの志がなければならぬ。

噬嗑　火上雷下　䷔　火雷噬嗑　〈罪と責〉

好事・魔多しということがある。世の中には、何事につけ、邪魔物や妨害のあることを免れない。これを粉砕し消化してゆかねばならぬ。国家的に言えば、刑罰を明らかにして、法律秩序を整える要がある。これを明らかにしたものがこの噬嗑の卦である。

噬は歯でかむこと、嗑は上下の歯ががっちり合うことである。後に頤の卦が出てくる。これは䷚山雷頤で、上卦・下卦が上下の顎、間の四爻が上下の歯と見ることができる。これは口は禍の門で、飲食言語を慎む理を明らかにしている。噬嗑はこの頤の四爻が陽で、上下の歯間に物のはさまっている象である。いかなる障碍も処理して進めば亨る。

初九　妨害の始まり、邪魔の微物、非行犯罪の初期である。足かせ（校）をはめて動けぬようにせねばならぬ。

六二　口中の象であるから、各爻とも肉類を例にとっている。羊豚類の肌肉（膚）のように、柔かく、深く料理せねばならぬ。

六三　全乾(まるぼし)の肉を噬(か)むように骨が折れ、時に中毒することもあるのを警戒せねばならぬ。咎はない。

九四　前爻より進んで、この場合は乾胏(かんし)（骨附の肉）を噬(か)むにひとしい。然(しか)し中にひそんでいる重大な問題を発見することがある〔「得金矢」。金矢とは金属の矢の根、やじりを意味する〕。いかなる困難にも変ぜず正義を貫けばよい。

六五　断の主体である。問題の実体がはっきりする。貫行すれば、容易でないが、咎はない。

上九　この卦は元来正義を行う上の悪を排除して秩序を確立することの困難を明らかにしたものであるが、その究竟は、抵抗を恐れて悪を排することを好い加減にしておくと、遂には極刑を科せねばならぬことを生じて凶である。或(あるい)はまた悪を行う者が次第に狎れて罰を畏れぬようになると、終には首枷(かせ)（校）の極刑に陥ることになることにも解釈することができる。

賁(ひ)　山上火下　䷕　山火賁〈文化の原則〉

秩序を整え、正義を行う為には、断乎として妨害を排除し刑罰を明らかにしてゆかねばならぬが、進んでは生活を向上させ、文化を高めて、刑罰を用いる必要のなくなるように志さねばならぬ。この文化的進歩の理を明らかにしたものがこの卦で、賁は文るである。賁臨を乞うというのは立派な人の臨席を得て、席をかざりたいという意味である。

卦の面から言うと、上卦は草木繁茂し雲煙去来する美しい山であり、下は日であり、下卦の離火は日の場合には夕日を表すから、夕日に映ゆる美しい山の光景を現すものということができる。

この象伝は、二つの重大な意味を明らかにしている。一は「天文を観て時変を察し、人文を観て天下を化成[*]する」ことであり、その二は、「文明以て止まる」ということである。文明は進歩と共に止まることを知らねばならぬ。文明は進歩と考えて素朴から乖き離れると、容易に文弱となり、頽廃堕落して破滅する。人間と歴史がそれを実証している。故に賁は「かざる」と同時に「やぶる」である。真の文明は自然に合致して、剛健を保たねばならぬ。「論語」にも「質・文に勝てば則ち野。文・質に勝てば則ち史（軽薄の意）、文質彬々、然る後・君子」（雍也）という名言がある。故に卦辞にも「賁は亨る。小しく往くところあるに利し」といっている。

＊ 化成という名が化学工業会社によく附いている、化学合成という意味ぐらいに解されているが、三菱の岩崎久彌氏が易を学んでこの語を知り、これを採ったものであるという。離為火の象伝・雷風恒の象辞にも「化成」という語がある。

初九　この卦の六爻は頗る系統だって、文化生活の向上と、これに伴う心得とを説いている。初九においては、人々は生活が裕かになると、まず車にのりたがる、歩く心がけが大切であるとしている。単に倹約という意味ではない。足を丈夫にせよということである。生理学的にも、政治・社会学的にも、歴史哲学的にも、十分意味のあることである。

六二　九三と正比（陰陽相ならぶ）している。上の陽爻に随って興起すればよい。陰の中であるから、我を出さず、先輩長者に学んでゆくことである。初九に「趾（あし）」を用いているが、ここでは須（ひげ）（鬚）を例に採っている。素朴な着眼である。六二の上の三・四・五・六は䷚で䷚（山雷）の省卦で、頤（あご）であるから、二を「あごひげ」と見たのである。

九三　この段階では大いに生活・教養・文化すべて発達させるがよい。ただし常に永久的・道義的原則の下においてなさねばならぬ。

六四　後半の初期である。この時において、文飾的（賁如（ひじょ））か、質実的（皤如（はじょ））かを反省して、文飾よりも質素を採らねばならぬ。*

＊　辞に「白馬翰如（かんじょ）」とある。翰は白馬である。殷人・白を尚び、戎事には翰に乗る（「礼記」檀弓）の翰即ち（すなわ）白馬である。

質素は文化を攻撃するのではない。結婚するのである。文質配合して始めて永久に栄えることができる。

六五　支配的立場においては特に質素なのが吉で、喜がある。富裕や栄達や文化はすべて危いことを心得ねばならぬ。

上九　賁の究竟は「白賁」である。赤や青や黄や極彩色ではない。それなら咎はない。

剝　山上 地下　☶☷　山地剝〈退勢の極致〉

富裕・栄達・文化に免れ難いのがこの卦の事象である。陰が上昇して、僅に上の一陽がふみ止まっている象、剝落の機である。山・地上に立つ象であり、順にして艮まるものである。卜者が潜行性疾患の重大危機と見、或は腫物と見るのはおもしろい。顛覆崩壊の危を示すものであるから、大象は「下を厚くし、宅を安んず」と説いている、地盤が大切である、依って立つ処を注意せねばならぬ。

初六　この卦は象辞に牀（腰かけ・寝台）を例にとっている。☶☷はπの象と見ることができるのである。前卦の賁の初爻と同理で、まず足である。足ががたがたになる。長い間の変らぬ信条・憲法をがたつかすことである。

六二　潜行の上進で、牀の足で言えば「辨」、足の上部である。上に応爻がないから、依然として潜行する。

六三　上体と下足との分解である。然るにこの爻独り上九と正応している。危きを知って、苦忠を尽し、努力すれば救うことができるのである。

六四　潜行的危険が愈々身に迫った時態である。凶である。然しここで勇敢に善処すれば䷢火地晋となって一変する。

六五　五陰の主爻、潜行的勢力の決定的地位である。これを積極化するは九五である。ここは六五である。上九と正比する。ここで従来の情勢を上九の方に一転すれば、これほど利いことはない。䷓風地観となって万民仰ぎ観て、敬服する。徳川幕府崩壊の終局に当って、慶喜公が大政奉還にふみきったことなどがこれに当る。ロマノフ王朝の没落に当っては、この上九・六五が無かった。ニコライ二世は六五でなく、ケレンスキーは上九でも六五でもなかった。政治も経済も治病も同理である。

上九　梢にみごとな果物が一つ残っている（碩果不食）ような象である。幕末に高橋泥舟・山岡鉄舟・勝海舟等の居ったようなものである。第二次世界大戦に、イギリスが没落の危機に臨んだ時、チャーチルが居ったようなものである。フランスのドゴールまた然り。この時、追究してきた五陰に妥協すれば剝落である。ケレンスキーが好例である。チェコのベネシュ大統領また然り。こういう例は枚挙に遑がない。

復(ふく)　地上雷下　䷗　地雷復　〈回復の原則〉

剝・一転すれば復である。一陽来復、これから陽気長ずるのである。幕府の引退が、明治の維新・日本の世界的躍進となったような象である。彖伝に曰く、「復は其れ天地の心を見るか」。然るに大象は、「先王以て至日に関を閉じ、商旅行かず、后(きみ)・方を省みず」と説いている。至日は冬至。雷・地中に在り。まだ陽気大いに発するに至らない。陽気が萌(きざ)したという時である。故に万事慎重を要する。動いて、順に行けば、地沢臨、地天泰、雷天大壮となって発達する。

初九　何ごとによらず、うかと進んでも、遠からずして気がつき、「我が身を修める」ことにたち返れば、悔にいたることはない。元(おお)いに吉である。

六二　初九の道を継承してゆけば、安らかで、めでたく、大いに発展して（休復）吉。

六三　雷の上爻であるから、とかく軽挙妄動したいところである。そのたびに復の道を忘れねば（頻復）厲(あやう)いが咎はない。

六四　初爻に正応し、着々と信念を以て復の道を進む（中行独復）のである。

六五　復の決定的地位である。敦く自ら考え*て行えば成功する。咎はない。

＊ 象辞に「敦復」とあり、伝に、「中以自考也」と説いている。考は「かんがう」であり、「成す」であり、本来「老」であり、父を表す。人間成長することは思惟の発達することであり、思惟によって物事は成るのである。父がその貴い象徴である。字義の深理である。文字は大切にして、よく学ばねばならない。文字を粗末にする者は「考」えないものである。「成長」の「父」ではない。

上六　復の爻を逐って上六の辞や伝に至り、首を低れて、深念させられるのである。曰く、「復に迷う。凶。災眚あり。用て師を行れば、終に大敗あり。其の国君に以ぶ。凶。十年に至るも征する克わず」（辞）。「迷復の凶は君道に反すればなり」（伝）。

在来、易を解説する諸書多くこの復を説いて靴を隔てて、痒きを掻く感を免れない。迷復において特にその感を深くする。復は初爻に示す通り「身を修める」ことから常に出発するのである。「大学」に言う通り（「大学」は易と相通ずる所が多い）、「天子より以て庶人に至るまで、壱是に皆身を修むるを以て本と為す」ものである。これは明白な、また易しいことのようで、さてとなると、なかなかむつかしいことなのである。あらゆる迷いの本もここに存するといってよい。まさに「復に迷う」のである。これ凶であり、ここから災眚を招く。災は自然の禍、眚は人自ら作るところの困厄である。この復道を誤って、軍隊など動かせば、終に大敗があり、その国君にまで及ぼさねばならぬことになり、もちろん凶である。十年かかっても昔のような実力を回復することはできない。

復に迷うは特に君たる者の道に反する。――熟読玩味、実に痛切にして無限の貴い教訓である。

无妄(むぼう) 天上雷下 ䷘ 天雷无妄 〈自然の運行〉

妄はみだり・うそ・いつわりである。世の男共のそういうことは、多く女に関連するというわけで女を示し、亡を音符とするといわれるが、単なる音符ではなく、信(まこと)を亡(うしな)う意を暗に示している。自然は妄でない、即(すなわ)ち无妄*である。卦の面から言っても、雷は動であるから、天に従って動く象である。元(おお)いに亨る。貞に利(よろ)し。これに反して正義でなければ、眚(わざわい)がある。妄に進んではいけない。自然真実に反して何処に往けようか。天命が祐けない。行けるわけのものではない。

＊ 漢儒は多く妄を望とし、予期せぬことの意に解する。

大象に曰く、物事は真理・誠・无妄で成立している。偉大な祖先の哲人はこれで以て大いに天時に対応して、万物を化育したのである――と。故にこの卦は小人・悪人・偽善者・陰謀家には凶である。天の下に雷があるから落雷の象でもある。不慮の災難を意味する。大儒佐藤一斎の詩に、「赴所不期天一定、動於无妄物皆然」――期せざる所に赴いて天・一に定まる。无妄に動く物皆然りとあるが、全く人間のむしのいい期待など一向あてにはならない。物事はむしろ人間の思いもかけない所に往ってしまって、おのずからぴたりと定まる。天の所為である。人間の恣意によらず、天の无妄・自然の真理によって動く、何ごとにによらずそうである。

初九　誠でゆけば吉。「之を以て身を修めれば身は正しく、之を以て事を治めれば、事その理を得、之を以て人に臨めば人感じて化する。往く所として其の志を得ぬはない」と「程伝」にも説いている。

六二　事を先にして得を後にする（「論語」顔淵）ことである。収穫の如何に拘らずして耕し、肥田のことを考えないで、新田の開墾をひたすら努力するようにやればよろし。

六三　思わぬ災難がある。或る人が牛を路傍につないでおいたところ、それを引っぱって往ってしまった者がおる。隣人がその嫌疑を受けるといったようなことである。

九四　誠を堅持してゆけば咎はない。

九五　自然の真理に従う生活をしていれば、たまたま病にかかるようなことがあっても薬はいらない。
　確かに、健康は医者に助けられたり、薬によって得られるものではなく、変化してやまない環境から、どんな思いがけない挑戦を受けても堂々とみずから対応できる状態である。機警な社会学者G・K・チェスタートンが喝破した通り、健康人は向う見ずでなければならぬ。健康人の根本的機能は、おっかなびっくりやってゆくようなものではない（Heretics)。

上九　要するに至誠真実である。そこに偽妄があれば、災厄がある。よいことはない。

大畜（たいちく）　山上天下　䷙　山天大畜　〈大事と実力の蓄積〉

風天小畜に対比される卦である。小畜は四爻の一陰（小）が五陽に介在し、蓄養する力の弱い象である。大畜は大（陽）が、君子が、大人が、いかに蓄養するかの積極的な卦である。山が造化を含む象であり、大人君子が大徳・大才を養うて動ぜぬ象であり、偉大な王者が勝れた人材を包容して安定しておる象である。

初九　乾卦の初九と同じく潜養が大切である。厲（あやう）いことがある。血気に逸ってはならない。

九二　元来有為有能である乾の中に位するのであるから、しばらく車体の「とこしばり」をはずしておいてもよい。それほど静かに徳を養えば咎はない。

九三　良馬を駆るような境致であるが、変ることなく苦心努力するがよろし。

六四　初九をどう蓄養するかである。それは童牛*を養って馴らすようにすれば元（おお）いに吉。おのずから喜がある。

＊（辞）「童牛之牿」。一本・牿を梏に作る。牿は家畜を入れる柵である。梏ならば角を矯める「つの木」である。いずれにしても本義に変りはない。

六五　九二に対する蓄養である。跳ね廻る家の子を適当に繋いでおくことである。＊その成果は前爻にひとしい。

＊（辞）「豶豕之牙」の解に諸説あるが、牙は杙であり、上の二字は「爾雅」に従って豕子とする。

上九　こういうように徹頭徹尾よく修養すれば、その結果は自由自在に活動ができて、道大いに行われるであろう。

頤　山上雷下　䷚　山雷頤　〈欲望の問題〉

蓄養の具体的問題として、まず最も切実なものは、言語飲食を慎むことである。そのように何を養うかの時宜を得た実質的解決のいかに大切であるかを教えるものが、この頤・やしないの卦であり、頤があご（顎）を表すことも噬嗑の卦で説いておいた。何をやしなうにも、変ることなく正を養うことが吉である。

初九　我れにある至尊のものに気がつかず、徒(いたず)らに他人の持ちものに頭を垂れ、涎をたらすのは論ずるに足らぬ。凶。

王陽明の詩にも、「抛却自家無尽蔵。沿門持鉢倣貧児」とあるが、自家の無尽蔵を抛却して門に沿(したが)い、鉢を持って、物乞いして歩く貧児のようなまねをしてはならない。

六二　高望みは凶。*初九に従って、素心の友と平常心を養うようでなければならぬ。

六三　大いに野心・野望の起る時である。この爻変じて山火賁となる。「かざろう」として、かえって「やぶれる」。常を失わぬとしても凶である。十年の修業が大切である。でないと、決してうまくゆかない。

六四　この爻、艮(ごん)山の初であり、泰然として動ぜず、己を虚しうして初九の賢人を待ち、志業を遂げるようにすれば咎はない。

六五　主席たる者は群下を従えて威令を施くのが経であるが、この場合はこれに反してあくまでも己を虚しうし、上九の賢能に待って、事を起さぬがよろし。

上九　下が皆由り処とするのであるから、厲(あやう)いが、吉。大いなる慶がある。

＊「顛頤」「丘頤」という語がある。前者は俗に所謂親知らずの歯。後者は老人の歯をいうとする興味深い考証がある（聞氏説）。

大過（たいか）　沢上風下　䷛　沢風大過　〈大事と耐忍〉

大過は山雷頤䷚の裏返し（錯卦）で、頤変ずると大過となる。大過は大（陽）が過ぎるのである。卦象を見ても、初と上との両端が弱く、中の四爻が総て陽九で、卦辞に「棟撓む（むなぎたわむ）」とある所以である。この卦はまた坎水の似象、即ち（すなわち）☵の洪流と見られる。氾濫の憂を示すものである。また水中に風木の象であるから、洪水や船・木・柱等の沈没を表す。時代の激流滔々として衆人を危からしめる時、毅然として正義を執り、独立して懼れず、或（あるい）はまた、世俗を遯（のが）れて、浩然として悶えない道徳をも教えるものである。

初六　清浄潔白な柔い茅（ちがや）を藉（し）いて祭器を置くように、厳粛に、然（しか）し恭敬慎重にすれば咎はない。

九二　初六と正比すること、枯楊・稊（ひこばえ）を生ずる如く、老夫が若妻を娶って助け合うようにすればよろし。

九三　大過の九三である。方（まさ）に棟撓（むなぎたわ）む。凶である。輔（たす）けもない。細心な警戒を払って困難を凌がねばならない。この爻変ずるも、沢水困である。

九四　大過に応ずる大切な位に在り。初六と正応し、どっしり構えて、下の勢に撓むことがなければ、衆望を引くこととなって吉。他意があるとうまくゆかない。

九五　枯楊に狂い咲きが出たり、老いた女が結婚しても長く続かぬようなもので、世俗の富貴功名は何にもならぬ。捕われずに善処せねばならぬ。

上六　滔々たる濁流を泳ぎ渡るようなもので、凶であるが、何としても、突破しなければならぬことであるから、遂行するに咎はない。上爻変じて䷫姤（こう）となり、新局面に遇うか、去って䷠遯となり、世を遯（のが）れて悶えないことである。

坎（かん）　水上 水下　䷜　坎為水・習坎　〈意志の原則〉

水洊（しきり）に至る象、険難重なる象、重なるを習という。坎重なる故、一に習坎というのである。苦労は人を深くし、新たな勇気や力を生ぜしめる。信を失わず、努力してゆけば、他より敬重せられる。二と五と中爻共に九であることを玩味せねばならぬ。険はまた国を守る手段ともなり、その時義は微妙である。

要するに「艱難・汝を玉にする」、「憂きことのなほこの上につもれかし限りある身の力ためさむ」の概を要する。

初六　艱難に陥って、どうしてよいか、わからぬ処である。凶で、この爻変ずれば、䷻水沢節である。拘泥せずに信念を亨(とお)さねばならぬ。

九二　艱難はまだ容易に脱けられないが、誠はおのずから周囲を動かして、少しは得る所がある段階である。

王陽明の詩に所謂、「坎に遇うて稍餒(う)うる無き」ものである。

六三　前を見ても、後を見ても、険難である。「険にして且深（沈）い*」境地である。もがいても何にもならない。己を深めて待機する外はない。六三変ずれば䷯水風井である。妙理尽きぬものがある。

＊（辞）「険且枕(ちん)」とあり。多くの説があるが、枕は古文には沈に作る。沈は深とする兪曲園(ゆきょくえん)の説を採っておく。

六四　陰の正位に在り。主たる九五と正比している。九五と相待って、険難の解決を図らねばならぬ。質素簡約な礼式*で君臣相謀れば咎はない。

＊この爻辞についても色々の訓詁考証があるが、煩瑣なばかりで、別にそれほど意義の相違はないから省略する。

九五　険難ここに至って全く平坦に帰する。然(しか)し要するに坎の中である。深潜剛毅を要する。

上六　険難の極は捕縄で縛られ、牢獄に投ぜられ、三年どうにも救われないと同じく、凶。九五の献身的努力と相待って、上爻変の䷺風水渙となり、解消することができる。

離　火上火下　䷝　離為火・重明　〈理性の原則〉

坎を裏返した（錯）卦である。火は日であり、明であり、理性・教養・文明・文化を表す。動詞にすれば、「離る」であるが、離るは「附（麗）く」からそうあり得るので、同時に「遇う」、「かかる」である。卦より見ると、中爻いずれも陰であることを特徴とする。即ち中陰、内虚にして始めて能く明であることを表すものである。

＊離卦は麗の字を頻に使っている。鹿は連って行く。またその皮は美しい。そこで、つらなる、並ぶ、附く、美し等の意に用いられる。離の卦にふさわしい文字である。

卦辞に、「貞に利し。亨る」は疑うこともないが、「牝牛を畜う。吉」とある。古代農耕社会を偲ばせる辞例である。離は理性的・文化的活動を説くものであるから、どうしても軽佻になり易い。牝牛のように柔順の徳を養うのが吉である。理性はあくまでも正に就くものであり、正しいほど知は明らかであり、天下を化成して、四方を照す（彖伝・大象）ことができる。

初九　朝の未明である。足もとが危い。慎重なれば咎はない。*

＊　爻辞に「履錯然。敬之无咎」とある。聞氏は履の卦に準じ、履の下にやはり虎尾の二字が有るべきものとして考証しているが、必ずしも全く同ずるわげにはゆかない。元のままにして誤はない。

六二　「黄離元吉」。黄は中色で、最も物の生育に力がある。黄色の明かるく輝くさまで、元いに吉である。人間の知性・文化はあくまでも偏向してはならない。公正な進歩向上であるほどめでたい。

九三　日が昃く、即ち暮光である。やがて暮れる。爻辞に頗る詩的な言葉がはいっている。「不鼓缶而歌則大耋之嗟凶（缶を鼓して歌わず、則ち大耋をこれ嗟く。凶）」。この解読は通説とやや違うが、私はこの解を好む。缶は瓦製の素朴な酒器で、秦人歌う時好んでこれを鼓って拍子をとったというものである。青春多感な時は、よく缶を鼓して歌ったが、もうその若さもないという長老の嗟歎である。文化は衰え易い。

九四　初九に応ぜず。初九の慎重を欠き、知に任せて、力を過信し、軽率なことをしでかして、大いなる破滅を招くところである。

六五　能く己を虚しくして明智を磨き、知に驕り、文に亡ぶものを、歎き憂うる道心があれば吉である。

上九　離の極は理性の敵、文明を亡ぼす敵を征して、邦を正すことである。つまらぬ醜類は問題とするに足らぬ。寛大に化してゆけば咎はない。

周易下経

咸（かん） 沢上山下 ䷞ 沢山咸 〈感応の理・恋愛〉

上経三十卦、乾坤に始まり坎（水）離に至る。主として天地自然を観じて、人間の倫理道徳に及んだ、生々活真の道理を明らかにしたものであるが、下経の方は、これに比べると、むしろ人間杜会の実態を主眼として、これに適応する道を示現したものということができる。

咸は感応の感に同じ。陰陽二気の感応である。沢は若い女性、山は若い男性であるから、咸は若い男女の相思・相愛を示し、男が下に在って、女に思を寄せる象であり、男は止まる所（良山）を知り、女は悦（沢）んで応ずる象である。「咸は亨（とお）る。貞に利（よろ）し」。天地陰陽感応して万物化生する。聖人・人心を感応せしめて、天下は和平である。その感ずる所を見て、天地万物の情がわかる。

良山は無私である、虚心である。恋愛する者は私心を遺（わす）れる。私心・私情に駆られず、止まる所を知る恋愛ならば結ばれて吉。無私であってこそ人は感動する。「君子は虚にして人を受ける」（大象）。

初六　咸の卦は、各爻を肉体に配して、足の指先から、股、胸、背中、口と感動の伝わる順序を説いている。

初六は拇即ち足の指先に感じたようなもので、気が外（九四）にかかっている。

六二　その腓といって、こむら、ふくらはぎにまで上ったところである。凶であるが、艮山の卦の中であるから、止まる所を知れば吉である。

九三　下体の上位、よく感ずる股にあたる。じっとしておれないところで、上六に随うことばかりで、まだ心がけが出来ておらない。積極的行動はいけない。

九四　道を守って変らなければ吉で、悔いはなくなる。九四は上体の心臓部で、最も心を要する。熱中してそわそわ（憧々往来）するばかりでは、同じような者の話にすぎなくなって、広く本当のことがわからない。

九五　脢（背肉）に感ずる。背肉は最も咸の伝わらぬ所、公平無私な所である。そこにまで感ずるのであるから、悔いはないが、感じ求めることがまだ瑣末である。よろしく大いなる感激の対象を持たねばならぬ。

上六　輔（頬骨）・頬・舌にあたるところ。盛んに感激を語るところである。兌沢の三爻は口を表し、言笑を意味する。

伝に、「滕口説也」とあり、滕は騰に通じ、「その口説をあぐるなり」とするのが通説である。

虞翻（ぐほん）はこの字を媵（よう）としている。然らば「媵（よう）・口説するなり」で、侍女共がわいわい言うことになって、わかり易い。

恒（こう）　雷上 風上　䷟　雷風恒　〈永久の道・結婚〉

咸の卦の示す通り、陰陽二気の感応から物皆化生するのであるが、感動はとかく長続きせず、気まぐれになり易い。それは解消・破滅となる。感応の存する所、一貫性・不変性・恒常性がなければ生の確立・繁栄とならない。これを明らかにしたものが、この恒の卦である。

雷は成男、風は成女を表す卦。咸の処女（兌）はすでに娶られて婦（よめ）となり、若者（艮）は夫となり、位置も夫が外となり、上となり、婦が内となり、下となっている。各爻それぞれ、陰陽正応し、婦随い、夫働く。まことに、「恒は亨（とお）る。咎無し。貞に利（よろ）し。往くところあるに利し」（卦辞）である。

伝にいう、――恒は久である。久常・変らず、止むことのないのが天地の道であり、これによって天下化成するのである。その恒とする所を観れば、天地万物の情がわかる。

君子は立って方を易えない（大象）。

初六　「恒を浚くす。貞なるも凶。利しきところなし」（辞）。「始に求むること深ければなり」（伝）。浚はさらえることである。結合の始にあたって、夫婦の仲と雖も、なるほど包み匿しはいけないが、いきなり洗いざらい、根ほり葉ほりして、よかろう道理はない。自然で穏厚でなければならぬ。

九二　「悔亡し」と簡単に記してある。初爻のようにして、中してゆけば、何も言うことはないのである。

九三　然るに漸く年月がたって、安定してくるに従い、よろめきが始まる（「不恒其徳」）。そこで羞をかかされるようなことが生ずる。

九四　雷の初爻、陽動の著しい傾向を見るが、四爻は陰位で、下の三爻を容れて、六五の主を輔けるのが本命である。うまいことを考えて私意に駆られても、何も得る所はない。「田して禽なし」（辞）である。

六五　恒を守って変らぬこと。婦人はもちろん吉。夫子は凶。*

＊　伝に、「夫子は義を制す。婦に従えば凶」と解説している。六五は九二と正応しているが、本来九五たるべき位である。単に妻の言いなりになっていたのではいけない。教条に固まってしまって融通がきかぬようでは、活きた働きができない。機に臨み変に応ずる弾力性 elasticity, flexibility, variety つまり義を活かす（制義）力がなければならぬということである。

二爻が陽になって、悔亡しとあるのはおもしろい。家内は柔順であって、しかもしっかりしており、有能であってほしい。

上六　「恒を振う。凶」（辞）。

振を震とするも同じである。恒の上爻であるから六五を補うて、最も恒の徳を賢明に守らねばならぬのであるが、三爻と同じく、かえって恒を失い易い。

恒に二徳がある。一は久常・変らぬということ。他は変らぬ努力ということである。然るに人は各々その好む所に僻するもので、常を守ることに偏る者は、とかく拘泥し、やまぬ努力を重んずる者は、常の徳をみだり易い〔蔡淵・節山。朱子の畏友元定の子。「周易訓解」〕。この上六は後者のことである。家庭における舅・姑、会杜における会長・顧問、政府における元老・重臣。そもそも人間の晩節皆これを深く省みねばならない。

遯　天上 山下　䷠　天山遯　〈解脱の道〉

咸と恒との後に遯（のがる）の卦を置いたのには、つくづく考えさせられることである。恋愛し結婚した。新しい家庭生活をいろいろ希望と計画とを持って始めたが、いちはやく煩いが生じて、昂進する傾向がある。好い事業を志して、新会社を造りあげた。これからと言うときに、好ましからぬ人間が割りこんできて、勢力を延ばしてくるのが目に見える。各派を調整して新内閣を作りあげた。これから大いに天下の経綸を行おうという時、早くも異心を抱いて権勢の座を覗う野心家が、同志を語らって陰謀を進める――というようなことが人の世の常である。これに処する一つの原則は、この遯で、まことに「遯の時義大なるかな」（彖伝）である。

この卦は「遯れて亨る」（伝）のである。互卦を見ると、一陰介入した䷫天風姤であり、表には已に初六、六二と、二陰が上昇してきている。ただ九五正位して六二と正応している。九三位を得て、䷋天地否に至っておらない。大象の教に頭の下がるものがある。「小人を遠ざけ悪まずして厳し」。

初六　「遯の尾なり。厲し。往くところあるを用うるなかれ」（辞）。「往かずんば何の災あらんや」（伝）とある。進行の象から見れば尻尾にあたる。妄進に加わらねば何でもない。それがそのまま遯である。

六二　正位にして九五と正応している。最初からの志操を固く守って、＊主と戴く者と助けあってゆけばよい。何ものも邪魔することはできない。

＊「黄牛の革を用う」という辞がある。革の初爻の辞にもある。言うまでもなく、黄は中色で、最も生成の力に富むものであり、牛は柔にして強い。古代農耕社会において、貫く力強いものの好い象徴である。

九三　いろいろの系累の為にままならぬ立場である。あぶない。困ったものと思っても、大象の教の通り、悪(にく)まずして、厳しければよい。なめられてはいけない。ぴりっとしたところがなければならぬ。これを誤れば天地否となる。

　これまでは艮山であって、不動を本意とする。

九四　初六と正応するが、これに往かないで遯に進む。故に「好めども遯(のが)る」（辞）という。為する人物は家庭にあって、妻子と一緒に睦び遊んでいたのでは何にもならない。愛しはするが、自分の仕事にのがれねばだめである。大臣・重役たちも、俗事や名利の累から遯(のが)れねばならぬ。地位についての進退の義より言えば、上下共に争い凌ごうとする気勢がある。ここが退き時である。然(しか)し小人はこれができない。

九五　支配的決定的立場である。本来の志業を正しくして、節操を変えることがなければ吉。それこそ悪い傾向から立派に逃れることで、「嘉遯」とする。

上九　「肥遯(ひとん)」（辞）とある。ゆたかに遯(のが)るである。余裕綽々として問題の拘束からのがれるのである。隠居・顧問・会長・元老の境致である。古易では肥が飛になっている。系累から飛び出す意である。

　宋の朱子（熹）自ら遯翁と号し、元の世、汪汝懋(おうじょぼう)官を棄てて、遯斎と称し、明初の賢人・全彦また遯翁と称した。徳川幕府初期、宇都宮由的も遯庵と号した。いずれも風格の高い碩学である。

大壮　雷上天下　☳☰　雷天大壮　〈大勢と善処〉

大壮は地天泰の一段進んだもので、陽（大）気壮んの象であるが、これを過ぎれば、すでに消えてゆく。終りを全うせぬ傾向である。卦辞は「貞に利し」。大象に、「礼に非ずんば履まず」*と戒めている。陽が正しければよいのである。

＊　顔淵が仁を問うた時、孔子は「己に克って礼に復る（或は履むと解する）。一日己に克って礼に復れば、天下・仁に帰す。仁を為すは己に由る。人に由らんや」と答えた。顔淵が更にその細目を問うと、子は「非礼・視る勿れ。非礼・聴く勿れ。非礼・言う勿れ。非礼・動く勿れ」と教えた（「論語」顔淵）。礼に非ずんばでもよいが、非礼と直読するのもよい。

初九　大壮の始である。どんどん物事が生じてゆく（有孚）のであるから、この始に当って軽率に進むは凶である。折角の孚が窮する。

九二　初九に続いて、所信を変えずに往けば吉。

九三　小人ほど勢に乗じて妄進しようとする。君子は無をもってする。羝羊（おひつじ）が角ふりたててひた走る果は、藩にひっかかって動きがとれないというようなことになる。

九四　正義を履んで変らねば吉。藩も破れて助かろう。大車の輹（とこしぼり）をしめて、安全にするようなものである。

六五　正大にして自重すれば、悔いることはない。妄進する羊はいつの間にか易で見えなくなる。

上六　要するに妄進すれば、にっちもさっちもゆかなくなって凶なのであるから、私心私欲を去り、全体の調和を考えて苦心努力してゆけばよい。咎も長じないのである。

晋　火上地下　䷢　火地晋　〈成功の道〉

晋は進である。然し大壮の進とは違う。明・地を照らす、日が地上に出る象である。柔順に明に随ってゆく、自ら明徳を昭かにしてゆくことである。卦辞には「康侯用錫馬蕃庶。昼日三接」とある。康侯は周公が衛に封じた康叔（武王の子）のことであろう。康叔は能くその国民を和集して、民衆が大いに悦んだ君である。後・成王立って康叔を挙用し、その有徳を表彰した（「書経」「史記」）。その康侯が天子に拝謁して、馬を沢山献上し、一日に三たびも接見を許される優遇を受けたという例をあげたのである。

＊　錫は普通「たまう」と訓むが、ここは逆に「たてまつる」である、錫貢・錫納の錫である。

初六　人は進もうとすれば沮まれるものであるが、変らずに正を行うのである。吉。孚（まこと）とされなくても、余裕をもってゆけば咎はない。

六二　初爻に続いて変ることなく行ってゆけば吉。上に仁慈の長者があって、それから大いなる福を受けるであろう。

六三　漸くその人物のできぶりを衆が允（まこと）とする。悔ゆることはない。

九四　下の坤地を去って、上卦離火の始、大いに進むが、元来陰徳を修めねばならぬ処である。ところがとかく野心に駆られて、君側の大奸（鼫鼠）となり易い。戒慎せねばならぬ。

六五　明徳を昭（あき）らかにする孚（まこと）に生きれば悔はない。失*も得も恤（うれ）うる要はない。往けば慶がある。

＊　失は矢の誤とする説は是である（聞一多氏）。

上九　離火の上爻は元来正義の為には闘うべきであることを明らかにしたものである。この晋の場合も、進むに当って無理解や妨害のあることを苦にしないで、余裕綽々としてゆくべきことを説いている。闘う動物ならば、上爻はその角まで来たところである。闘うことは厲（あやう）いが、咎はない。一貫して志操を立てねばならぬ。然（しか）しその影響力はまだそう大きくはないことを知らねばならぬ。

明夷(めいい) 地上火下 ䷣ 地火明夷 〈不遇の道〉

この卦は前卦の逆で、火が地下に沈む。日が落ちる。明が晦(くら)む象である。夷は「やぶる」で、傷つき害される意である。いかなる艱苦にもその志操を変えずにゆく（艱貞）がよろし（辞）。内・明を含んで、外・柔順に、大難に処していった文王はこの明夷を以てしたのである。明王の徳地に落ちた国難に当って、能(よ)くその志を正しくした箕子(きし)もこの明夷を以てしたのである（伝）。

大象に曰く、「君子以て衆に莅(のぞ)み、晦(かい)を用いて而も明らかなり」。晦(くら)い庭に居て明るい方を見れば、すべてがはっきりする。自分は目につかぬようにしておいて、よく観察するだけの叡智をもつことである。

初九　明白なことが行われない情勢を見て、さっさと群を去ってゆくことである。その為に生活に困るようなこともやむをえない。心配してくれるものは文句を言うであろう。

六二　侵害の形勢が顕著になって、左股[*]に傷を負うた状態である。正比する初九即(すなわ)ち正しい部下がしっかりすれば吉。

＊　初・三を右とし、二・四を左とする。

九三　ここで慨然として正義の力を振い起し、明を夷る主勢力を捕えるのである。なやんではならない。* 信念を以て進むのである。

＊（辞）「不可疾貞」とあるが、疾と貞とを別たず、疾貞とするもよい。疾を速とせず、病とする聞氏の説をとる。

六四　上爻に入るの始、相手方に属する。文王で言えば、殷側にとびこんで、その腹中がわかったのである。さっさと出てゆかねばならぬ。

六五　明夷の一番重大な処である。辞に「箕子の明夷」とある。箕子は殷の紂王の親戚。殷の三仁（微子・比干・箕子）といわれる一人である。紂の驕奢を諫めて合わず、人より亡命を勧められたが、それは主の暴逆を世に知らせることになるからできないといって承知せず。遂に佯狂して隠れた。実は拘禁されたが、死は免れたと見られる。武王・紂を亡ぼし、治世の要を彼に問うて、その答を録したものが「尚書」洪範で、武王は彼を朝鮮に封じ、敢て臣としなかったという伝説はいかにも中国にふさわしい。この志節を以て一貫するが利しと爻辞は断じている。

上六　明夷の極、三爻に正応する。則ち目標である大首である。徳に晦く、始は勢力を振うても、終には打倒される。翻然非を改めて、上爻にふさわしく私心・私欲を去り、その徳を修めたならば䷕山火賁の白賁となって咎はない。

家人（かじん）　風上火下　☴☲　風火家人　〈親愛の道・家庭生活〉

家を斉（ととの）える道を明らかにした卦である。風（長女）と火（次女）と二女並んでいる象であることも寓意が深い。九五と六二と正位・正応しているのは、夫婦・父母が内外に当って正しく処することを表し、初より五に至るまで各々正位しているのは、父・父たり、子・子たり、兄・兄たり、弟・弟たり、夫は夫たり、婦は婦であって、家道の正しいことを表している。家を正しくして天下定まるのである。

この卦内外上下二つとも女性であるから、卦辞に「女貞に利（よろ）し」とある。家庭生活は家族が常に変ることなく和（なご）やかでなければならぬ。然るに親しいに狎れて、互に慎みを失い、つまらぬことに争いがちである。象を見ても、風が火を燃やすことを示している。そこで大象は、「君子以て言・物*あり而て行・恒あり」と説いている。

＊　物は通解と異り、法と解すべきものと信ずる。「言に法（物）あり。行に恒あり」である。「詩経」大雅・烝民に「天生烝民。有物有則」とあり、「礼記」緇衣に、「言有物。行有格」とあり、「周礼」地官に「其犯禁者与其不物者」とある。いずれも皆法に通ずることは、王引之がその「経義述聞」に明らかにしておる通りである。

一家の主人たる者、その言うことがあてにならず、行(す)ることがぐらぐら変るようでは、家は治まらない。

初九　最初に悪い傾向の生ぜぬように閑(ふせ)いでおかねばならぬ。

六二　家内の中心で、家を代表して外に働く九五に正応する。我意を通してはならない。一同に料理して食べさせるように、常に皆を調和してゆけば吉。

九三　教育ざかりの場である。厳しすぎてはいけないが、それくらいに心がければ吉。女小供達を甘えさせすぎると、家のしまりが無くなる。

六四　家内を良く治めてゆけば、ここにおいて家を富ますことができて、大吉である。

九五　主人の威令がよく行われ、家人仲好く相愛する。

上九　家道の究竟は、何とかして家を良くしてゆきたいという孚(まこと)があって、万事自分に反省し修養努力する所から、自然と威厳があることである。さすればどこまでも吉。

睽(けい)　火上沢下　䷥　火沢睽　〈同と異〉

家人を倒に見た（綜）卦で、目にかどたてる、にらみあう、反目する、そむく意である。裏から見れば（錯）、䷦水山蹇で、ちんば、調子の揃わぬなやみである。卦面では火・上り、水（沢）・下る。乖き離れる象、二女同居して、考が違う、一緒に行れない象である。然し本来悦んで（兌沢）、明に麗くのであるし、元来天地万物皆矛盾する所があって、そのままに大同疏通する。睽の実際のはたらき（時用）は大いに意義がある。大問題にいがみあうのはいけないが、小事には吉である（辞）。

大象に曰く、君子は「同して而て異る」と。「孟子」に「仁して親しまず」というのと同じで、全体の調和を破らない（同）が、自主性・主体性（異）を失わない。

初九　かかりあわぬように放任しておけばよろしい。* どんな見っともない人間でもかまわぬ。

＊　辞に馬が逃げても逐うなとある。この卦、三・四・五爻（約象）が坎で、説卦伝には坎を悍の強い馬としておる。ここでは九四を指すものである。

九二　反目しておっても、大切な相手と肩のこらぬ処で遇える。咎はない。

六三　反目して、かけ離れ、相手がろくな者に見えない。坊主憎けりゃ袈裟まで憎い〔ここでは車を曳く牛の角のできぞこない（其牛掣）となっている〕ような所があるが、終にはそうでもなくなる。

九四　とかく睽いて孤りぼっちになり易いが、孚を以て交われば、初め厭うた者も相感じて、意志も疏通する。むつかしいことであるが、咎はない。元夫とあるは兀夫である。

六五　ここに至って、或はまたこの一番大切な人によって、まあ、善かったということになる。躊躇なく交わって何の咎もない。慶びがある。* がっぷり食いついてくるであろう。

＊　噬嗑の二爻に在る「噬膚」の語がここにも出ている。膚は柔い肌肉である。

上九　要するに自から反目して、独りぼっちで、正応の六三と同じように、相手が泥まみれの豚共か、真人間でない鬼畜のように見えて、くたばれとばかりに弓引きかねないが、よくよく見ればそうではない。敵ではなくて、同志である。睦み合えば、わだかまりは皆無くなってしまう。

蹇　水上山下　䷦　水山蹇　〈難境と不和〉

睽の錯卦で、びっこ、行きなやみである。彖伝に、「険（坎水）前に在るなり。険を見て能く止まる（艮山）。知なるかな」と説いている。卦辞には三義をあげてある。一は「西南に利し。東北に利しからず」。二は「大人を見るに利し」。三は「貞なれば吉」。この三である。二・三は明白であるが、一は何のことであろうか。西南は坤（ひつじさる）である。坤は地であるから平坦である。東北は艮（うしとら）山である。大象に曰く、「身に反って、徳を修む」と。

初六　あせらず時を待つがよろし。

六二　九五と正応する。自分が主と仰ぐものの為に、一身の問題を事とせずして、どんな苦労もすべきである。＊

＊（辞）「王臣蹇々匪身之故」。

九三　険に直面する艮の三爻である。進めば険になやむ。反って六二の賢人と力を併せるがよろしい。

六四　慎重に反省修養して、九三・六二の誠実な人々と力を併せて、九五を輔(たす)けねばならぬ。

九五　いろいろな艱苦を冒すのであるが、苦を分ち、輔(たす)けてくれる朋がある。

上六　蹇には常に反省して徳を修めると大功がある。立派な人物に従うほどよい。

解(かい)　雷上水下　䷧　雷水解　〈問題の解消〉

蹇の綜卦である。卦の面より見ても坎水の険を凌いで、その外に動く象であり、雷雨の象である。天地の気の結ぼれたのが解けて、雷雨となり、巣籠りの虫が這い出し（啓蟄(けいちつ)）、百果草木皆その甲(よろい)をぬぐ時である。

卦辞に、「西南に利し。往くところなければ、それ来り復(かえ)りて吉。往くところあらば、夙(はや)くせば吉」

と、三点をあげている。西南は坤（地）即ち平坦である。険を凌いで問題がなくなれば、苦闘の時を忘れずにゆけば吉。まだ問題が残っておれば、この機に乗じて速く突破すればよろしいというのである。大象には、春立つにふさわしく、従来の過を赦し、罪を宥して、おおらかにゆくべきことを教えている。

初六　解の卦の原則で往って咎はない。

九二　六五の主の信任を得て、険を突破する有為の人物に当る。険に陥れる三小人（初六・六三・上六を狐にたとえる）をしとめて成功する。初志を貫けば吉。

六三　小人がその器でないのに出世して、わざわざ事態を危険に陥れるような、みっともない、誰を咎めようもないことに立至るものである。

九四　問題解決の端緒を開くのであるが、六三に牽かれがちである。思いきって、足をぬけ。* 然らば朋至り（九二）、信頼されるであろう。

＊「拇を解け」（辞）とあるが、拇は足の大指である。震は脚を表す。その初爻であるから足指に該当する。

六五　九二の有為なる人物に信任して、険を解けば吉。小人おのずから感じて身を退くであろう。

上六　最も危いのは高位にある小人である。容易に手のとどかぬ処にいる難物である。高い城壁の上の隼（はやぶさ）は射て落せば至極よろしい。

損　山上沢下　䷨　山沢損　〈克己と統制〉

沢山咸䷞の錯卦である。ひそかに感ずる所あって発憤し、外・私心を去って動ぜず（艮山）、内・悦んで修養努力（兌沢）する象である。それはおのずから効果を生じ、元いに吉である。一貫せねばならぬ。この志操を以て往けばよろし。簡素も結構である。理想・高い目的の為に、低い情欲を犠牲にしてゆくのである。大象は、「忿を懲らし、欲を窒ぐ」と教える。

＊（伝）「二簋用て享むべし」とある。簋は神饌を供える器である。たった二器のお供えものでもかまわない。神は嘉納されるの意である。

克己の道徳、消費生活を抑えてする国家的建設、統制を強行する政治の要諦を明らかにするものがこの卦である。

初九　ぐずぐずせず、速やかに実行すれば咎はない。よく情状を酌量して損ぜねばならぬ。＊

＊「酌損」（辞）ということは大切である。克己修養・統制強行いずれも時に応じて必要であるが、無

理をしてはならない。誤れば䷃山水蒙となって、困蒙に陥る。

九二　一貫して行うによろし。無理に強行してはわるい。なるべく損ぜずして、益するようにせねばならぬ。ところがこの時、またこの局に当る者は功をあげようとして無理をするものである。

六三　この爻には解しにくい辞がかけてある。「三人行けば則ち一人を損じ、一人行けば則ち其の友を得」と。山沢損の、沢☱は乾☰の一陽を損じたる者、山☶は地☷に一陽を益したるもの。その六三は上九と正応する。地天泰の三爻を上爻に高めたものということができる。余あるものを損じて上に応ぜしめる意とする。

六四　克己抑制の結果、疾を生ずる傾向がある。速くこれを治せば喜があり、咎はない。

六五　徳によって上より祐がある。元吉。いかなる貴重な卜いによっても否定することはできない。

上九　究極の理は損せずして之を益すということである。先輩・長者・顧問に備わる者は最もこれに注意せねばならぬ。そして変ることなければ吉。大事を成すことができる。従う者を得て、世の為、公の為に、私家を計らない。

益（えき）　風上雷下　䷩　風雷益　〈自由と委任〉

損の綜卦で、損はそのまま天理より見れば益である。動（震雷）いて従う（巽風）の象、上より下に下るのである。天地否☰☷の四爻と初爻と入れ代ったもので、上を損じて下を益す象と見ることができる。上下の中爻いずれも中正で正応し、まことにめでたい。風・雷共に五行説では木にあたり、またこの卦は外陽の下に三陰あって、舟にたとえられ、大川を渉るに利しいのである。損益の道は天道自然と合致する。彖伝に所謂、「時と偕に行われる」。「君子は善を見ては則ち遷り、過あれば則ち改め」（大象）、「その道大いに光く」（彖伝）ものである。

初九　元来この卦は損の克己・統制に対して自由・民主を本意とするものであるから、最初が大切である。

辞に、「用て大作と為すに利し。元吉。咎なし」。伝に、「下・事を厚くせざるなり」とある。「為大作」は「大作を為す」と解するのが通説である。大作は大いなる作用・大事・大仕事で、これをやってのければよろし。下に在る者は本来重大な事に処すべきでないが、益の時に当って下に在る者が用いられて、大事を済し、元吉無咎を得れば、上は人を用うる明が有ったことを証し、下は能く任に勝えたことになる（「程氏易伝」）というのであるが、私は「大作と為す」方の説（藤村与六「易の新研究」）を採る。益は損よりも一般に好ましいことであるが、自由にせよ、民主にせよ、委任にせよ、これは重大な問題であって、軽々しく行えることではない。ふみだし、最初に当って余程自重せねばならぬ。下は元来事を厚くせぬものである。どうしても軽率になりがちであると解する方が、よく現実にあてはまるからである。

六二　誠実に自重して行れば必ず他より助力がある。いかなる貴重な卜いによるも、これを否定することはできない。永貞なれば吉。王はこの人を以て神にこたえ、神も嘉納されるであろう。

六三　出兵のような凶事にも咎はない。本来そういうこともあるからである。孚有り、偏せず進むことである。信*が大切である。

＊（辞）「告公用圭」。圭は大官の任命拝謁に用いられる信の表象たる玉である。

六四　その誠心誠意の行動が益々容れられて、信託を受け、国都を遷すような重大事さえ任されて利し。

九五　誠実で、恵の心に富めば、卜い問う要もない、元吉。その感応する所、皆その徳をありがたしとする。大いに志を得るであろう。

上九　最後に注意すべきことは、功に慢じて節を失うことである。巽風の卦は、説卦伝に「其の究は躁卦と為す」とあり、落着いておらず、妄動する。雷風恒䷟の三爻にも、「其の徳を恒にせず。或は之が羞を承く（羞をすすむとも解される）」と指摘している。外からの攻撃も始まるであろう。それは䷂水雷屯となって、新に険難に陥ることになるのである。

日本が戦後自由・民主の主義体制をいかに実行してきたかを、つぶさに各爻に徴して考察すると、一々思い知らされて、痛責を禁じ得ない。

貝原益軒（久兵衛・子誠）は一に損軒とも号する。書斎の二室に、一を益軒、他を損軒と称した。始め損軒と号したが、後、益軒に改めたという伝えもある。これは実におもしろい。克己主義から達して自由主義に帰したことになるが、これはどうも真実ではなさそうである。伊藤東涯は彼を父仁斎に並ぶ長老として、損軒先生と称している。益軒・損軒合せ任ずる処、更に道を得たるものである。

夬（かい）　沢上天下　䷪　沢天夬　〈大勢の決行〉

序卦伝に、益して已（や）まねば必ず決（き）り開かねばならぬ。故に益を受けるに夬を以てすると説いている。用水が溢れると、これを引いて田畑に注ぐなり、電力に応用するようなものである。夬は決である。五陽進んで上六に迫っている。健（乾・天）にして悦ぶ（兌沢）象、決して和する象である。

この卦辞は例を、並び進んだ君子の上になお一小人が頑強にふみ止まっている国政に、とっている。*

＊「孚号」とある、孚を俘とする説（鈴木由次郎氏「周易」）がある。参考に値する。

国家を安泰にする為には、どうしても国政から小人の元凶を排除せねばならぬ。それは正義の要求である。然し実際は厲い仕事である。朝廷（王庭）にこのことを明白にして、誠意から発言せねばならぬ。それには先ず自分の立場から明確にしておく必要がある。武力に訴えることは利しくない。強い抵抗にあって、権威を窮させることになりかねない。けれども正義を遂行して利し。平生において、「禄を施して下に及ぼし、徳に居て忘れる」（大象）ようでなければならぬ。

＊「居徳則忌」とあるが、徳を居くは則ち忌む——徳を人に施さぬは忌むべきことと解する説もあり、徳に居ては則ち忌むとし、忌むを慎むの意とも解し、忌を忘とする説など、色々あるが、私はこの忘とする説を採る。

この卦は雷天大壮と合せ考えるがよい。

初九　時期が早く、力も弱い。軽挙は失敗で、咎がある。

九二　警告を要する。いかなる不慮の事態が発生しても心配ないだけの防衛力を進めておかねばならぬ。

九三　昂奮が顔に出るようではいけない。君子夬々で、気節は変らぬが、あまり人に訴えず、自ら敵中に赴いて相手の意表に出て、味方から怒られるぐらいのことがあっても、咎はない。

九四　正義の為に孤軍奮闘する段階から、共鳴する衆と共にする段にはいったのであるが、重責のある地位だけに、とかく決心がつかない。ああか、こうかと惑う。

九五　決定的地位段階である。爻辞に「莧陸（けんりく）夬々」とある。莧陸（けんりく）で切って、夬々と読むか、続けて読むかの両説がある。莧陸（けんりく）は和訓「山ごぼう」、或（あるい）は「うまひゆ」といって、陰湿の地に蔓り、本草によれば、根が蔓って、ぬいてもぬいても、とりきれない。小人の類、絶ち難きこと之の如しとある。これがわかれば、どっちでもよいことである。九五が案外上六の小人にからみつかれていると解することも適切である。

上六　結局小人は声もたてられない。所謂年貢の納め時である。

これは通説で、勿論妥当であるが、これだけでは満足できない。兌の上爻の辞に「引兌」、伝に「未光」とあり、皆万歳と称するけれども、実は大したことではないのである。上爻変じて乾為天である。乾の上九に曰く、「亢龍悔有り」。これを深く戒めねばならぬと思う。第二次大戦後、ムッソリーニも、ヒットラーも、これで失敗したのである。日本の敗戦破滅も、私にはこの卦を思うて、言うに忍びぬものがあるのである。

姤（こう）　天上風下　䷫　天風姤　〈新たな遭遇〉

姤（こう）は夬の綜卦で、序卦伝によれば、物・決裂すれば必ず遇う所がある。故にこれを受けるのに姤（こう）を以てする。姤は遇であると説いている。地雷復䷗の錯卦で、陽爻ばかりの所に一陰が現れて、これからどんどんその勢が伸長してゆく象である。

卦辞に、「女壮なり。女を取るに用うる勿れ」と断じている。男ばかりの所に女が現れて、それが大いに人気を博し勢力を占める例は何人もよく知ることである。唐の玄宗皇帝も、前半は姚崇・宋璟らの名相を得て、開元の治と称せられる善政を布いたが、後半・天宝に入ってだれ始め、そこへ楊貴妃が現れ、楊氏の一族が勢力を占めて、遂に大敗を招いた。一家でも、折角親子兄弟仲良く暮してきたところへ、新に嫁が来たり、後妻がはいったりして、急速に悪化する例が少くない。この卦辞はそれを戒めているのである。

然し決して悪いことばかりではない。陽をすべて善とし、陰をすべて悪とするは、偏見である。陰にも陰善・陰悪がある。またこの一陰は女に限らない。そして五・二共に剛中であり、天下風行の象である。象伝に、「天地相遇うて品物咸章かなり。剛・中正に遇い、天下大行するなり。姤の時義大いなるかな」と説いており、大象にも、「后以て命を施き、四方に誥ぐ」と提唱している。

初六　立派な主義・信念を以て自制し、貞なれば吉。動いては凶。然るにまだ実力も無いのに軽率に動きたがるものである。池田内閣に始めて女大臣ができた。これは新内閣が姤の卦の象をとったものである。女大臣は正にこの初六に覚るところがなければならぬ。

九二　初六の遇はまず九二との間である。ここで初六を包容するのは咎はない。然し賓として迎えてはよくない。

九三　初六に意があるが、九二を憚っていらいらする段である。厲いが、よく反省すれば大した咎はない。

九四　内卦は天の下に在って、野であり、民衆である。九五を輔けて善政に任じなければならぬ地位の者が、初六を九二・九三に隔てられて、遊離する傾がある。善処せんにも手がとどかぬ憾みがある。それは凶である。

九五　姤を善くするか、悪くするかの決定的な主体である。中正の徳を以て能く包容し、自然に邪悪の力が消散するように心がけねばならぬ。

上九　「姤其角」（辞）とある。角つきあいである。とかく人と人と遇う時は、そうなりがちである。それはうまくない。互に人を容れる雅量がなければならぬ。特に上九のような立場にある者は、それがなければならぬ。

萃　沢上地下　䷬　沢地萃　〈人物の集合と異変〉

物相遇うて然る後に聚まる。萃は聚まることであると序卦伝は説いている。順(坤地)って悦ぶ(兌沢)象であり、二・五正位・正応してよろし。沢水・地に聚まる象を、占家は洪水あるも豊作と判ずる。

大切なことは聚まるに正を以てし、貞なることである。従って大人を見るが利しく、天命に順うのである。さすれば亨る。それには盟主たるものが自尊驕慢になってはいけない。必ず自分を今日こうまでさせてくれた恩人の祖先や先輩に感謝してお祭りをせねばならぬ(孝享)。大きな犠牲を捧げてやるが吉い。その聚まる所を見て、一切実情がわかる(彖辞・彖伝)。

同志相聚まって、正義の為に、どこまでも祖宗・先輩の徳を守ってゆくということになれば、その結果は軍備を撤廃することもできる。然しながら予期しない侵害に対する警戒はしなければならぬ(大象)。

初六　聚まる者皆何か期する所あってのことであるが、始はなかなかまとまらない為に、心も動揺を免れない。然し遠慮なく議論もすれば、忽ち笑語の間柄となる、心配はない。進行して咎はない。

＊「一握」(爻辞)は咿喔とする説をとる(聞氏説)。

六二　同志引き連れて吉(引吉)。咎はない。誠意をもって、*礼を簡素にするがよろし。

＊「用禴」(辞)という字を使っている。約と同じく、夏祭りで、物が腐り易いから、おそなえものも

簡素にする。形よりも実である。「引吉」の引は弘の誤であろう（聞氏説）。

六三　この段階はどうもうまくゆかなくて、慨嘆ばかりである。然し上爻悦んで相交わる卦で、往いて咎はない。小吝。

九四　地の三爻を容れて、九五の主の為に輔佐する六の立場であるが、陽九である。本来の立場を誤らず、大いに為すあれば、大吉にして咎はない。

萃と比・この爻変じて陰となれば、水地比☵☷である。比と萃とは相似て、この一爻の相違がある。比は六四で、唯一絶対の九五にしたがうものである。独裁専制体制とみることができる。萃は九四で、五爻と同じ陽爻である。共和体制、或は責任内閣と言わねばならぬ。比がともすれば私党化するに対し、萃は民主的であるが、往々派閥化して、不統一・低迷の嫌がある。易理は実に妙味が深い一例である。

九五　多勢が何としても集まる所である。然し四爻が九で、まだ悦服されきらないものがある。こせつかず、元いに、長期体制で、変らねば悔いはない。

上六　萃の極、憂うべきは、人が集まってかえってゆきづまることである。即ち天地否☰☷となる。この理をよく心配してゆけば咎はない。

升（しょう） 地上風下 ䷭ 地風升 〈時運と発達〉

萃（あつ）まって向上する次第で（序卦）、升はのぼるである。卦の面からみれば、風は五行の木にあたるから、木が地中から生長する象である。徳に順って、小を積んで、段々高大にならねばならぬ（大象）。元（おお）いに亨（とお）る。常に大人（九二）を見ることである。さすれば案ずることはない。南に征（ゆ）いて吉（卦辞）。升は巽風が坤地に往く卦である。辰巳から未申へ往くのであるから、午即（すなわ）ち離を通る。子午線といって、子は北、午は南に方（あた）る。これは占辞である。

初六　陽位に陰在している。深く地中に下りた木の根である。うたがいなく（允）生長する。* 大吉。

＊（辞）「允升」とある。この語めでたしとして、よく人の名・字に採られる。明の碩学・羅欽順もこれを附けている。

九二　孚（まこと）をもって素直にゆけば咎はない。

九三　すくすくと延びる。「升虚邑」といって、無人の境を行くようなものである。この爻は、他の爻と異り、吉凶も利・不利も、何もない。つまり占辞がない。然（しか）し三爻であるから、暗に戒慎を忘れてはならない。

六四　周の文王がその多年培養しあげた実勢力を以て敢て覇を争わず、恭順な態度で岐山（西山）を祭り、諸侯の地位に甘んじたのは吉。咎がない。

六五　それだけの順を踏んで変らねば吉。大いに志を得て、階を升るようなものである。

上六　「冥升」とある。升進を欲するあまり目がくらむことである。どこまでも変らぬ志操が必要である。でないと折角の効果が消滅してしまう。

困（こん）　沢上水下　䷮　沢水困　〈困窮の処置〉

升の上九が冥升であるように、升ってやまねば、必ず困ることになると序卦は説いている。大象は、沢に水の無くなった象としている。苦しいことであるが、天地と一徳なるべき人間が、いかに困っても通ぜぬことのない理を説いたものが易である。

この卦も下は険難であるが、上は悦んで努力する象である。「困は亨（とお）る。貞なれ。言有るも信ぜられず」、「大人は吉にして咎なし」（卦辞）。困窮の際は何を言っても、弁明として人は信じてくれない。[*1] 口数が多いほど動きがとれなくなる。元来かかる際に人物の如何が判明するのである。[*2]

＊1　（彖伝）「尚口乃窮也」。　＊2　（繋辞伝）「困は徳の弁なり」。

いくら困っても、その亨る所を失わないのは君子だけであろう。

大象に曰く、「君子以て命を致め、志を遂ぐ」。自分にとって必然であり、絶対的なものが何か（命）ということを究明して、どこまでもわが理想目的を遂行してゆくのが君子である。

初六　尻を下したまま、どうにもぐあいがわるい状態で、谷底から出られないようなものである。一変すれば䷹沢である。王陽明が貴州龍場の謫居にあって、悠然として思索講学したように、志士が獄中に在って、屈せずして自ら学ぶように、自ら処さねばならぬところである。

九二　武士は食わねど高楊子の気概でおらねばならぬ。妄に求めてはいけない。さすれば意外な貴人の来訪によってお役に立つ慶びもあろう。

六三　石の上にも三年という、或は蔓草の棘に苦しめられて身動きならぬ窮状であり、家に返れば、妻も居らぬという情なさである。然しこれを変ずれば䷛沢風大過で亨る。独立して懼れず、世を遯れて悶えず（大過大象）にやることである。

九四　初六と正応して大いに活動しようとするが、陰位であり、九二に制せられて思うに任せぬ。然し使命は果せる。

九五　困の決定的な位である。鼻を切り、足を切る断罪のように、邪魔を排除してゆかねばならぬ。思うようにはゆかぬが、次第に悦びがある。天の福を受けることができよう。

上六　困は究竟「つた」・「かづら」の類のまといつくようなもので、行動に悔ゆることが多いが、よく悔い悟ってゆけば吉である。

井（せい）　水上風下　䷯　水風井　〈自我の深修〉

人は困窮すれば己に反って深めることができる。困の次に井の来るのは確に深理がある。険を前にして逆上せず、謙虚に自ら修める象であり、水下風木であるから、井に釣瓶を入れる象と見ることができる。井は水を汲みあげて、人々やその生活に役立つことができる（大象）。この卦辞はこう説いている。――人々は都邑を移しても、井は変らない。井は常に水の無くなることもなければ溢れることもない。人の往来はいかにあろうとも、井は井である。すぐに汲めそうでも、なわ（繘）で、つるべを下げねばならぬ。下げても折角のつるべを壊してはわるい。井は大切である。

初六　世間に困苦の為、自己そのものはどうなっていたか。井は泥（にご）って飲めもせず、廃井に鳥も来ぬ有様である。

九二　手入れをすると、井戸の奥からちょろちょろ水がそそいで、小魚ぐらいが生きられる。つるべは古びて壊れて漏るばかり。

九三　やっと井を渫（さら）ったが、残念ながら濁りが澄まぬために、まだ飲めない。* 然（しか）し役に立つ井である。追って飲める。上に在る者が盟って努力すれば、いかなる汚れた世でも、やがて人々は福を受けることができるのである。

＊　一説は、せっかく井を渫って清水の出るようにしたが、まだ人が飲まないと解釈する。

六四　渫えた後、井の内側を石だたみ、しきがわら（甃）を施した。これで大丈夫である。立派な井である。

徳川中期、播州龍野の名儒・中井誠之は甃庵と号した。ゆかしい雅号である。

九五　卦辞に、「井冽（きよ）し。寒泉食（くら）わる」とある。清冽な冷い飲水が滾々（こんこん）として湧くことである。俗に汚れた自我を掘り下げて、頽れぬように自修しながら、遂によく真我に徹すれば、受用不尽なることを表し得ておる。

清の乾隆朝、童能霊、寒泉と号し、易・象数の学を究め、「周易賸義（しゅうえきしょうぎ）」を著す。寛政三博士の一人、岡田恕（はかる）また寒泉と号した。

上六　井の極意は人の渇を医（いや）し、世の用に立つことである。爻辞に云う。「井収（みずく）めば幕（おお）う勿（なか）れ。孚有れば元吉」と。

革（かく） 沢上火下 ䷰ 沢火革 〈革命の原則〉

改革・革命を説いた卦である。井道あって、後革道行われる。幕府三百年の教学と修養があって、始めて明治維新の成功があった。自己を深めることなくして、自己を世を革新することはできない。卦の面から見れば、水（沢）と火と消しあう象、二女同居して、うまくゆかぬ象、つまり矛盾をどう処理するかであって、火の理性・智慧・勇気を以て、人々を和悦に導くことである。権力と狡猾とを以て、民を苦悩怨嗟に陥れることであってはならない。

卦辞に云う、「已む日乃（すなわ）ち孚あり＊。元に亨（とお）る。貞に利（よろ）し。悔亡（な）し」と。改革・革命は軽々しく始めてはならない。形勢十分熟して、卵が孵（かえ）るように発動すれば上乗である。後悔することはなくなる。

＊ 已日が己（つちのと）日になっている本が少くない。顧亭林・沈起元・大田錦城ら皆これを採っている。己は十干の中を過ぎて将に変ろうとする時であるからとするので、これも当っている。意味に大して変りはない。

ただ、革の成功はあくまでも正を以てし、時の情況に妥当せねばならぬ。天地革まって四時成り、湯王・武王が命（めい）を革（あらた）め、天に順って人（たみ）に応じたようでなければならぬ。革の時は重大である。

大象に、「君子以て歴（こよみ）を治め、時を明らかにす」と説いている。歴（暦）は天地自然の運行に人間の生活を合わすものである。だから昔は施政の始に暦を正したものである。然るに今の日本は外国に順応する為に、明治初年無理をして西洋のグレゴリオ暦を採用した。その為に生活と時とが合わない。これは深く考究すべき問題で、天文暦学の研究家伊勢の山田藤太郎氏が多年痛論するところである。

初九　しっかりと地歩を固め[*]、積極的行動をしてはならぬ。

＊　ここにも「黄牛の革」という辞を用いている。

六二　十分時機の熟した後、改革を行う。前進して吉、咎はない。

九三　自重を要する。勢に乗じて進めば凶。貞にして厲し。改革を要望する声がくり返し決定的となって、始めて成就する。

九四　この三段階を経て、漸く実際に改革を行うて、志を信ばすことができる。

九五　改革の主役が堂々とその姿を表す所（虎変[*]）である。占うを要せず、成果があがる。

上六　形勢すでに定まれば、結局指導者もすべて豹変[*]し、民衆も面を革めて順うものである。強行すると凶。情勢をよく観て落着いて変ることがなければ吉。

＊　九五に虎変といい、上六に豹変といっている。虎は夏秋の際その毛が脱け変り、みごとであるが、豹はそうではないという説がある（動物研究家）。兌の陽爻を虎とし、陰爻を豹とする説がある（呉・陸績）。考古学的研究から聞一多氏は「周易義証類纂」を著し、卦・爻辞に関する新しい見解を立てている。

本書にも幾多引用したが、この場合も、虎変・豹変の変は元、鞟（毛を去った皮）の字と同義で、大人の車は虎の皮を飾り、君子即ち一般上士の車は豹の皮を用いること、また小人革面の面は鞔で、下士の車は只の牛馬の皮を張ったもののことと説いている。考証としておもしろいが、革の理から言うと従来の解の方が遙かに妙味がある。

革の卦について、隠れた深理がある。互卦を見ると、䷫天風姤を含んでいる。これは少くとも三つの大きな意義がある。

一つは時に遇うことである。旧勢力を崩壊させる有効な橋頭堡を確立する時機の問題である。

二はその人に遇うことである。改革・革命にふさわしい人物がでてくることである。その人物は遠謀深慮を持ち、いかなる困難をも忍び、人を容れ、大事を遂行してゆく器量がなければならぬ。それが初六である。これは往々残忍冷酷な性格を持っている。やはり⚋である。

第三は革命の進行が遠民（姤の九四。象伝）で、民衆の期待から背き易いことである。ロシア革命に参加して、骨身に徹する体験をしたベルヂャーエフが論じているように、いつの革命にも附きものの暴力・残虐・権力欲は、あらゆる人間を昔から支配してきた本能の現れにすぎない。革命は少数の人々の英雄的行動を明らかにするが、その反面いかに多くの人間があきれるほど卑しい性質を持っているかをも暴露する。革命は古い制度にまつわった現象であって、それだけでは決して新しい世界とはならない。過去を壊しさえすれば立派な新しいものができると思うのは幻覚である。もっと精神的な・本質的な変革がなければただの革命ではだめである（「愛と実存」）。
そこで「易経」は革の次に鼎を置いている。

鼎 火上風下 ䷱ 火風鼎 〈革新調整の道〉

革は鼎を待って始めて新たな創造・「鼎新」となるのである。革は故きを去ることであり、鼎は新しきを取ることである（雑卦）。鼎は「かなえ」で、食物を烹飪する器であり、それで調理した食物を供えて、天地の神や宗廟の神霊を祭り、また諸侯や天下の人材を饗応する。鼎は古、天子第一の重宝で、国家権威の象徴とされた。卦を見ると、火中に風木を入れる象、即ち烹飪である。元に亨る。「君子以て位を正し、命を凝す」（大象）。存在秩序を正しうして、かくなければならぬという至上命令に従う創造的活動を築きあげるのである。

初六　鼎をさかさまにして、旧来たまっていたわるい滓を一切出してしまうがよい。従来の物に良いのがなければ、新に気に入ったものを調達してゆけば咎はない。[*]

＊　爻辞原文は「得妾以其子」とあり。伝に「以従貴」とあるので、種々な解が行われているが、私は

右の通りに解した。（爻辞）聞氏は出否の否を陪とし、出陪鼎の意とするが、しばらく含く。

九二　新しい内容を盛って、これから大切な調理にかかるのであるが、＊仕事の仲間が、適格でなく、なかなか随いてこない。然し注意して遂行すればよい。

＊（象辞）「我仇有疾」とあるが、右の解は仇を初六とする通説である。然し仇は相手で、五爻を当然とするとすれば（王弼古注）、主たる者が新事態に処する上に疾みがあって、思うように応じてこない意味となる。疾を「にくむ」としても解せられる。

九三　所謂革命建設の難事業である。ゆきづまりである。鼎には耳が大切である。これを両手で持って動かせるのである。その耳を変えねばならぬ為に動かせない。調理が運べない。折角膏ののった、うまい雉肉が食えないようなものである。九三はいずれにも正応がない。とかく上下疎通を欠いて、為に粛清事件などが生ずる段である。もし六五とうまく通ずることができれば、結局吉なのである。

九四　鼎の足が折れて、折角大切な料理をひっくり返し、重罪を犯すようになることを戒めねばならぬ。「其形渥」とあるが、「其刑重」とする説をとる。

六五　漸く立派な調理のでき上った所である。「黄耳金鉉。利貞」（辞）。鉉は両耳にかけわたしてあるつるをいう。鼎鉉は大臣宰相のことでもあるから、ここでは立派な輔弼の臣を備えていることである。また耳はおのずから賢者の言に善く聴くことを意味する。主たる者の大徳である。

上九　革命新建設に当っては、当事者はどうしても多事多難に捕えられて困迷することが多い。上九のような立場に賢者が居って、よく情勢を判断して忠言し、道を誤らさぬようにできれば、こんな利いことはない。大吉。

震(しん)　雷上 雷下　䷲　震為雷・洊雷(せんらい)〈異変と戒慎〉

雷鳴洊(しきり)なる象である。行動から言えば、始あって終がなくなる傾向を示している。始めは驚怖するようなことでも、後では笑って平常に変らぬことになる。「震・百里を驚かすも、＊匕鬯(ひちょう)を喪(うしな)わず」（辞）で、沈着と、恐懼修省が必要である（大象）。亨(とお)る。

＊　匕は鼎中の食物をすくう匙。鬯は黒黍で醸した酒に鬱金香の草を浸して芳香をつけたもので、神の来迎に供える。

初九　吃驚するような問題が突発した時である。落着いて警戒し、後で笑話になるように心がけることである。吉。

六二　脅威が続く、財産も棄てて、安全な場所に逃れねばならぬことがある。その場合財産など追っかけてはならぬ。正を守って屈せずにおれば、一わたり済むと、復ってくる。

＊（辞）「億喪貝」とあるが、億は噫とする本もある。その方がよいかもしれぬ。周の太王（古公亶父）が豳（陝西・邠県）に在った時、戎狄の侵略を受け、思い切って岐山の下に遁れ、周の王業の基を立てたことがこれだとされているが、こういう例は少くない。足利尊氏が九州より大挙進攻してきた時、楠正成の献策もこれにあたるが、用いられずして朝廷方の大敗となった。

六三　「震蘇々たり。震行・眚なし」（辞）。「震蘇々。位当らざればなり」（伝）とある。通説は蘇々を驚かされた後、ほっとして、ぼんやりしていることと解し、九三であるべきところゆえ、しっかりしてゆけば、わざわい（自から作るわざわい、天災に比す）なしとするのであるが、むしろ文字と象の通り、雷鳴が弱まって、思い出したようにごろごろやっていることと解する方がよい。放っておいても大丈夫である。

九四　「震遂に泥む」（辞）とある。遂を隊即ち墜とする説（荀爽）もある。尤もである。この爻を中心として前後を見れば☵坎水である。変ずれば☷☳地雷復である。正を以て進むべきである。

六五　震が重なるその決定的地位であるから、いくら脅威が加わっても、有事の覚悟を失わずにゆけば大丈夫である。春秋には祭祀をすべて有事としているから、祭祀を廃せぬようにすると解してよろしい、「億」の字があるが、六二に同じ。

上六　震は要するに長続きするものでない。索々（さく）として終るものである。それに矍々（かく）（きょろきょろ）するのが弱点である。大体脅威は自分にふりかからぬ先に、隣を見て覚悟せねばならぬ。この象辞に、「婚媾有言」とあるが、これは間誤って混入したものであり、古の卜辞であろうとするのが妥当である。

艮（ごん）　山上山下　䷳　艮為山・兼山艮　〈無私と知止〉

震の綜卦で、動の反対の止である。少年同居の象で、ひたすら無心になって学ぶところである。山また山に隠居入道の象意とするもよい。前の震雷と、この艮山とは両卦とも各爻すべて正応するものがない。独りその道を行く覚悟を要するのである。

卦辞に、「其の背に艮（とど）まりて其の身を変ず。其の庭を行いて其の人を見ず。咎なし」と云っている。背は身の前に在る目や鼻や耳や口のような感覚諸器官とちがって物を逐わない。無関心である。然（しか）しその人の在りようはよくその背に表れる。後姿（うしろ）のさびしいのは、健康や心理や運が振わないのである。徳の充実は正に睟然（すいぜん）として面に見（あらわ）れ、背に盎（あふ）れる。その止まる所を知って、動静・その時を失わぬは艮である。大象に曰く、「君子以て思うこと、その位を出でず」。その拠って立つ処を放れて、あらぬ欲望野心に駆られて、軽挙妄動する者の群を成す今の日本の状態を見る時、つくづくと艮卦の道を思うものである。

初六　背と関連して、夬や咸と同様、肉体に例を採っている。下体の初であるから趾（あしゆび）のところである。正を失わず、永く変らぬ志操あれば咎はない。

六二　腓（こむら・ふくらはぎ）にあたる。五に正応せず、三に正比す。中正を守ってゆきたいのであるが、九三が気になって不快である。

九三　腰（限）である。これが安定せねばならぬ。肝腎要は肝と腎と腰のことである。腰椎に異状が生ずると、色々の病が始まる。血圧患者など皆腰が悪い。所謂腰ぬけである。これがわるいと必ず背椎が枉（ま）がったり、副脱臼が起る。其の夤（いん）（せじし）を裂くは外部現象である。厲（あやう）いこと心を熏（や）くものがある。この爻変ずれば山地剝䷖である。

六四　大臣・輔弼の重位、首脳をいただく上体である。君子の守たる、其の身を修むれば、而（すなわ）ち天下平らか（「孟子」尽心）である。己を修めて以て人を安んずる（「論語」憲問）ことができる。身に反って、誠なるは、楽これより大なるはない（「孟子」尽心）。

六五　「輔に艮（とどま）る」＊輔は頬骨で、「言・序あり」。つまり言を正しうするのである。

＊　象伝に中正とある正は伝写の誤であることは言うまでもない。

言を正しうすることは信を立てるのである。悔ゆるところはない。

上九　「敦艮。吉」。終を厚くするのである。始あるも、終あるは少い。晩節を全くすることは難い。

上九変ずれば䷎地山謙。艮徳は謙徳である。

漸　風上山下　䷴　風山漸　〈進歩の段階〉

物は艮まるに終るものではない、また次第に進み始める（序卦）。それが漸である。卦は山上に木の伸びる象で、火地晋の晋むは、日が地に上る、或は火が地に燃え上る象である。下卦が艮山であるから、無私で、落着いておらねばならぬ。上卦が巽風であるから、外は謙虚に従ってゆく。

卦辞に「女の帰ぐ、吉」とある。この卦は女子が落ちついて求婚を待っている象であるが、この反対は後出の雷沢帰妹䷵で、女子の方から婚を求める象である。「止まって巽い、動いて窮まらぬ」（彖伝）。正を以て動き、次第に邦を正すべきである。

大象は「君子以て賢徳に居り（艮山）、俗を善くす（巽風）」と説いている。善は繕に通ずる。俗は繕むとしてもよい。

この各爻は鴻の群が水を後にしてゆく象を採っている。互体に坎水がある。

初六　干（水ぎわ）に漸んできた状態で、子供はまだ未熟で急に飛びたつことは危険である。とやかく物議はあっても問題ではない。

六二　磐（おおいし）にまで進んできて、そこで悠々と仲好く飲食しながら英気を養っている。むだに食べているのではない。

九三　一挙に飛ぼうとして高地に漸むが、群が伴わない。二・四共に陰であり、三爻は艮の上爻で、厚重でなければならぬ。夫は仲間を外れ、妻はとり残されて、妊娠したが、子を育てるすべもないことになって凶である。それよりも外敵を防いで、安全を保証する体制を整えねばならぬところである。

六四　用意を調えてから進むが、安全を得ない、仮に憩う処（桷。平枝）があれば間違いはない。

九五　遂に遥かな高処に至ったが、群を率いて此処に至るのは随分な苦労で、好い同志と深く信託して、しかも軽々しく他の嫉視排擠を起さぬようにしてゆかねばならぬ。さすれば願う所を得て吉である。恋愛結婚の成功もこの範疇にはいるであろう。清の華霞峯（学泉）の註解が実に好い、「二は軽進せず、五は軽任せず、相須つの久しき、相信ずるの深き、誠を推す一日、契を結ぶ終身にして、而て夙昔の願始めて酬わる」と。

上九　辞に陸とあるは、逵（雲路）の誤である。鴻の大群が順序正しく悠々と雲路はるかに渡ってゆく。是れ誠に人間の好模範である。

帰妹（きまい） 雷上沢下 ䷵ 雷沢帰妹 〈終りを全うする道〉

漸と一対の卦であるが、六十四卦中最悪の警戒を与えている卦で、卦辞に、「征けば凶、利しきところなし」とばかりである。但、伝に「帰妹は天地の大義なり」、「人の終始なり」とあり。大象に「君子以て終を永うし、敝を知る」と説いている。本来悦んで動く象である。「天地交わらねば万事は興らぬ」（彖伝）。人事で言えば、乙女が悦んで、男に帰（とつ）ごうとする象で、結婚は人の終始である。独身に終をつげ、夫婦となり、親子となる生活が始まるのである。何の為に、卦辞はひどく警めておるのであろうか。

その一は男女の卦の中（咸・恒・漸・帰妹）、この卦は女の方から男の方に働きかけている。陰である女性は待つべきものであるのに反するということ。二は、二より五まで皆位が正しくないということ、三は、柔・剛に乗じている（三・五共に）。これは陰が陽を凌ぎ、女が男を凌ぐので、生成の理に反する。そこで、いかにその敝害を知って、終を永うするか、長続きできるようにするか（大象）ということが、この卦の主旨である。次の各爻については諸説があるが、最も穏当な解釈をとる。

初九　妹を帰（とつ）がせるのに娣（てい）（介添）をつける。跛（びっこ）でも能（よ）く承（たす）けあって歩けるようにしてゆけば吉とする。

九二　眇（すがめ）にして能（よ）く視るとするように、悦（よろこ）んで理性を失ってはならない。奥ゆかしい心がけを持たねばならぬ。

六三　雷の初陽・九四に熱中する兌の女子で、放任すれば「須（しゅ）を以てす」、即（すなわ）ちはした女の所業になる。反省して介添（かいぞ）えの娣（てい）とともに帰（とつ）がねばならない。

九四　前半を過ぎた所で、結婚は期がやや遅れたといえるが、陰の位で、陽動の象である。変らずに待ってゆけばよろしい。

六五　漸く道を誤たずにめでたく結婚式をあげるのであるが、かの殷の天子帝乙（ていいつ）がその妹を帰（とつ）がせた時のように、花嫁の衣裳が介添えの装いに及ばなかったような質素ぶりが吉。常に望月の欠けたることの無しと思えばではいけない。

上六　雷の上爻で、始ほどになく後の消える象である。実が無い。それを戒めねばならぬ。

すべて政略結婚的なことの好教訓である。人間の結合はあくまでも誠で、自然で、永く変らぬもの、終を全うできるものでなければならぬ。

豊　雷上火下　䷶　雷火豊　〈豊満に処する道〉

帰げば生活は独りの時とちがって豊かになる（序卦）。それだけ「故は多い」（雑卦）。豊は雷火、即ち明以て動く象である。男女の関係から見ても、帰妹とちがって、十分できた女子（火）が立派に出来上った男子に添った象である。先輩長者も安心して来てくれる。心配はない。益々栄えることである。

＊　葛城氏はここに「勿憂」とあるを、独特の文字学的研究から、勿を光の象形とし、忽と同義とする。豊も長続きせぬ。忽ち心配ごとが始まるということに解するのである（藤村氏易）。彖伝とよく合致する。

そこで罰*則を立てて取締まらねばならぬ（大象）。放縦にしてはいけない。

＊　大象に、「折獄致刑」とあるが、折は折中の折で、おる。さだむである。両端から歩みよりの中をとるのではなく、あくまで正邪を正し、邪を折いて矛盾を解決し、上進させるので、折中である。折って定めるのである。

初九　爻辞に、「其の配主に遇う。旬*と雖も咎なし。往けば尚ばるるあり」とある。自分の配偶となる主人公であるから、通常九四とし、旬しとは、その立場や使命をひとしくすると解せられるが、旬は均或は鈞ともなっており、遇うということからも、六二とする方が妥当と思える。初九は中正な六二に倣えば尊敬されると解した方がよくわかる。然しこれは卜旬の旬であろう。次の伝の「旬を過ぐるは災也」とあるによっても明白と思うが、殷代から一旬（十日）一旬に卜ったもので、一ぱい一ぱい、遅れてもよいからとにかく往けということに私は解する。

六二　中正を守って新たな意義に富んだ生活を変ることなく、発達させてゆくことである。爻辞に「其の蔀を豊にす。日中・斗を見る」とあるが、蔀は「しとみ」、或は蔀は灌木雑草の類とし、いずれにしても光を遮って昼なお暗く、その暗より明を見るから、日中斗星を見るわけである。豊の時はそれほど自ら晦まして、漸く世間のことがわかるのである。好い気になれば上から疑われ疾まれねばならない。

九三　調子に乗る時であるから、大切な右の肱ぐらい折りかねない。その沛を豊にすることである。沛は通説では蔀（しとみ）に比すべき旆（とばりはた）のこととするが、「公羊伝」に「草棘を沛と曰い」（何休）、「斉侯・沛に田す」（「左伝」）とあるが、蔀と同じく草木繁茂して、禽獣の匿れる所である。豊の互体は☴風木であり、約象は☱沢であるから、象も合う（応劭）とする説も興味が深い。

前爻では日中・斗を見るとしたが、ここでは日中・沫を見る。沫は斗星の杓の後部の小さい星である。上が雷震の動であり、最も己が光を韜み、跡を晦ましてゆけば咎はない。生存競争の激しかった古代社会が目に見るようである。

九四　六二と同じ。ただ「其の夷主に遇う」という難解な言葉がある。この爻は陰の位にある陽で、雷の初爻である。上の六五に比して大いに慎まねばならぬ。夷は等し・平らか・常の意で、自分と同じような立場の公平な相手である。初九に配主と云っているから、相応じて夷主は初九である。初九と相待ってゆけば吉と解されている。初九の配主を私は二爻と解するから、九四の夷主も六二とする。爻辞もぴったり合う。

六五　右のようにして自らゆかしい韜晦の徳を積んでゆけば、ここに章(あらわ)されて慶誉がある。吉である。

上六　要するに豊は平和な繁栄ではなく、変の多い時態を前にしての、目につき易い栄えであるから、よほど警戒する所が無いと、大家ががらんとして薄暗く、ひっそりとして、人気もないというような廃墟の光景となり易いことを思い知らねばならぬ。

旅(りょ)　火上山下　䷷　火山旅　〈移動の道〉

豊は幽居の象であるが、次は外遊の象・旅の卦である。艮より離に向うから、朝から日のある中に旅行する象、止まって明に麗(つ)くのであるから、日暮になれば灯火・明らかな館に止宿する象である。だから「元亨」ではなく、「小亨・貞吉」である。国政で言うと、政務をてきぱきかたづけて、停滞させないことであり、特に裁判を明快にして、牢獄に未決囚を置かないことである。旅の時義は大きいものである。

初六　そもそも旅にあたっては、こせこせしてはならない。恥のかきすてなどは最もいけない。それで災にかかるのである。

六二　旅次のこと、一晩とまりを宿、二晩とまりを信、三晩以上を次という。十分の旅費を持ち、忠実な従者を連れておれば、間違はない。

九三　旅舎から焼けだされたり、旅の間に平常の心得を失って、従者から愛想をつかされ、逃げられたりすることを戒めねばならぬ。

九四　ちょうど明に麗いた所であるから、明の有る人に礼遇されて、禄も与えられ、護衛もつけられるに至ったが、旅は旅で、何となく落ちつかず、楽しくない。

六五　行旅の間に最も善く認められ、名誉と幸福に恵まれた状態である。爻辞に「射雉一矢亡」とある。諸説紛々いずれも牽強附会の憾を免れない。要するに古代の占辞であるから、後になっては止むを得ない。離は乾の中爻が陰に変じたものであり、柔を以て行く道である。一矢亡すはこの辺に該当すると思う。

上九　上は陰位上六であるべきに九である。旅は柔の道であって、その極にある立場でありながら、ここの陽九は凶といわねばならぬ。鳥の巣が焼けたようなもので、大騒ぎせねばならぬようなことにもなり、大切な役に立つ牛を領分の境から見失ってしまうというような災を招く。不徳を慎まねばならぬ。

巽（そん）　風上 風下　䷸　巽為風・重巽・随風巽　〈先輩に従う道〉

旅は動いて納まりの悪い象であるが、これは何処にでも柔順にはいりこんでゆく象である（序卦）。柔・剛にしたがい、大人の命を順奉して、事を行うてゆくのである。元亨ではなく小亨である。互卦を見ると䷥火沢睽（けい）であるから、内心・背き離れる意、反目の傾向を含んでいる。これが微妙なところである。女が柔順であるように見えて、案外言うことをきかない。おとなしい人物が、その実きかぬ気の強いものが多いことなど、人々の常に体験するところである。

初六　風の吹廻しということがある。進退・節の無いのはいけない。中正に巽（したが）わねばならない。武人の貞、つまり大人の命を順奉して、死を以て変じないという節操が大切である。

九二　下の者にもよく聴き、下意を上達し（史）、上意を下達し（巫）、うるさいことも厭わずに誠をつくしてゆけば吉。咎はない。

九三　あまりおとなしすぎてもよくない。主張する所は進んで行わねばならない。

六四　下を容れ、上を輔けてゆけば悔はない。田して三品（神用・客用・主用のものをいう）の獲物のある所である。

九五　中正を守ってゆけば吉。利からぬことはない。初は何だか頼りなくとも、終はよろしい。「先庚三日、後庚三日、吉」（象辞）とあるが、庚は更新の意を含み、先庚三日は五行によるに、丁にあたり、後庚三日は癸にあたる。癸は揆ることで、因循姑息にならぬよう、更新してゆかねばならぬが、あくまで丁重に、よく研究協議してゆけば吉。

上九　巽の極、いつまでも不自然な柔順迎合の態度を取っていると、持物も権威も失ってしまう結果になる。凶。

兌　沢上沢下　䷹　兌為沢・麗沢兌　〈親睦講習の道〉

巽なれば人相悦ぶから、次に兌を以てすると序卦に説いている。卦は口を開いて笑う、語る象、乙女相随って笑語する象、大象には「朋友講習す」と説いている。学生の寄宿舎や同窓会によく麗沢という名のついている所以である。雑卦に「兌は見る、巽は伏す」としている。兌は悦、説、脱に通ずる。

卦辞に兌は「亨る。貞に利し」と只三字がある。貞の字が大切で、正しい悦びでなく、「程伝」に力説する通り、道に非ずして悦を求めるならば、邪な諂いとなって、悔い咎めを免れない。「天に順って、人に応ずる」のである。「悦んで以て民に先だつ時は、民その労を忘れ、悦んで以て難を犯す時は、民その死をも忘る。悦の大なる、民勧むかな」(彖伝)である。

初九　「和して兌ぶ。吉」。

九二　「孚あり兌ぶ。吉」。象伝に「信志なり」とある。互の志の相合うことから兌びあうのである。

六三　「来り兌ぶ。凶」。とは何故であろうか。前述の「程伝」にも示す通り、自ら邪媚の傾向がある。また外から邪心を以て迎合してくるものがある。それを悦んで受け入れる傾向もあることを戒めねばならぬ。

九四　「商りて兌ぶ。未だ寧んぜず。介疾・喜有り」(象辞)。四爻は下を承けて、上を輔ける大切な時処である。兌ぶ中に、思慮あり、協議がなければならぬ。気を緩うしてはいけない。介疾は大体二通り訓みかたがある。「疾を介つ」と「介して疾む」である。九四は九五と六三の中に介在する。いずれにも疾がある。双方為にする所あって狎れ合われてはいけない。その中に立って善処するというのが前者で、中に立って不義の行われることを気にして防ぐことが後者である。結局同じことである。ただ介の字は頗る妙味がある。介在の介は仲に在ることであるが、介添の時は扶けるであり、よって「すけ」と訓む。介石の時は、かたし、信念節操の固いこと、狷介といえば、志操が固くて容易に人と和せぬこと。介立は、単に間にはさまって立つことではなく、守る所あって、いずれにも迎合せず、毅然として立つことである。

九五　中正で兌の主である。申し分ないのであるが、元来兌は好い気分になって、知らず識らず邪に媚び入られる性質があるから、九五は特にこれを慎まねばならぬ。この爻辞に、「剝に孚あり。厲あり」となっている。剝は陽を消す陰の作用である。卦の面では、上六に位する小人にあたる。兌の九五変ずれば雷沢帰妹となるのである。

上六　「引いて兌ぶ」。伝に曰う、「未だ光ならず」。卦の面から見れば、九五を或は他の陽爻を引きつけることである。まだ独楽・自慊に達していない。兌の極致、また功成り名遂げた、或は名利の外に立つ者である上六においては、独り楽しむ（この独は孤独の独ではなく、自主自由、絶対的な意味の独である）、自慊（謙）に至らねばならぬ。「大学」に、「所謂其の意を誠にするは、自ら欺く毋きなり。悪臭を悪む如く、好色を好む如し。此れを之れ自謙と謂う。故に君子必ず其の独を慎むなり」と説いている。自謙は自慊、自ら足るのである。故に謙である。

渙（かん）　風上水下　䷺　風水渙　〈大事と公私〉

渙は散ること、水の融け散ること、春水の満つる様をいう。沢に次ぐ所以とする序卦の説は無理ではない。兌沢で朋友講習し、各々四方に散って大業を成すのである。この卦はその例を交通にとって、舟楫（しゅうしゅう）の利を興して河川を渡る象、帆を張って舟・水上を行くの象を示している。古来済民の大きな政策であるから、「先王以て帝を享（まつ）り、廟（びょう）を立つ」（大象）。卦辞に「王・有廟（有は接頭語）に仮（いた）る。大川を渉（わた）るに利（よろ）し。貞に利し」としている。かくて何よりもまず民の離散を防ぐのである。

初六　九二の剛中*に順ってゆけば吉。

＊　坎の象一に馬を表す。ここでも馬壮を以て九二を表している。

九二　離散の傾向ある時は急いで頼辺（*よるべ）に奔（はし）れ。願を得て咎はない。

＊爻辞にちょっと解しにくい語がある。「奔其机」である。机（き）は楡に似たさるなしの木。こういうもので作った凴りかかる器、「つくえ」に用いる。ここは初六を指すとするものと、九五とするものと二説あるが、私は九五をとる。机を杭（舟渡）とすればまた解し易い。聞一多氏は奔を賁（ひ）（飾る）と考証している。

六三　民の離散を済う大業を興す為にはその身を投げだしてかからねばならぬ。さらば悔なし。

＊「渙其躬」

六四　一身を渙するばかりでなく、その徒党を渙散してしまうことである（渙群）。渙すれば本当に民が丘まる。[*1] 権力政治に疲れた民衆の思う所である。さすれば、元吉、光大である。

＊1「有丘を渙す」と訓んで、丘を成してわだかまっている徒党を解散することとするも通ずる。三国・呉の易数大家姚信はその「周易注」に、丘を近としている。これも解しよい。

＊2　否卦参照。

九五　「其の大号を汗す」。王者が居って位を正すのである。咎なし。

天下に王の大号令を発する。これは絶対である。汗の一たび出れば散じて再びもどらぬように、綸言・汗の如しである。大詔渙発はこれに基づく。故に渙は火へんでなく、水へんである。

上九　「其の血[*]を渙す。去って逖く出づ。咎無し」。血は汗血といって、労苦・害悪の象徴である。要するにそういうものを散じてしまうことである、またこの位に居る者は超然として古の賢者・隠士のように、派閥党争、功名の争から逃れ出なければならぬ。さすれば咎はない。

＊　血を恤とすることも考えられる。遯の上九に比して妙である。

節(せつ)　水上沢下　☵☱　水沢節　〈人事と節義〉

渙の綜卦。沢上に水を湛えた象、水涸(か)れれば沢水困(こん)となり、溢れれば沢風大過となる。涸れず、溢れぬように調節するダムの作用がこの節である。節は元来竹のフシで、すべてこのフシ・締め括りがなければ体を成さない。音楽も楽節から成りたち、宇宙も生命も節奏(リズム)である。道徳も節義である。健康も節度であり、政治もまた「数度を制し、徳行を議する」ことである（大象）。数とは物の根本的につきつめられた関係、度はその基準、ものさしで、これによって国家生活を節制し、財を傷らず、民を害せず、中正にして通ずる（彖伝）。

一面から見ると、悦んで険を行く象であるから、すべての冒険に該当する。これまた節が必要なことを言うまでもない。軽々しく冒険を行うほど危険はない。

卦辞に、「節は亨(とお)る。苦節は貞(かた)くすべからず」とある。この苦節不可貞が古来議論の多い所で、易哲学の一妙処である。節も抽象的に言えば、何でもないことであるが、実際には複雑微妙限りないもので、同じく貞節でも、好い夫子(つまこ)を持ち、境遇に恵まれて、誘惑を斥けてゆくのは、この爻中の語を引用すれば、安節である。或(あるい)は甘節である。然(しか)し、若い女が、夫を失い、子を抱いて、頼る者とてない貧窮の中に、貞節を立ててゆくのは苦節である。

功成り名遂げて、富貴の裡に、晩節を清くするようなことは安節であり、甘節であるが、志士が悲惨な境遇に在って、その志節を立て通すことは、いかにも苦節である。大石内蔵助の如きは、その苦節を以て、長く国民を感動させてきた劇的人物であることは言うまでもない。

「苦節は貞くすべからず」とは、苦節の場合はどうでもよいと言う意味であろうか、勿論そうではない。どうでもよければ苦節にならぬ。節などなくなることになる。節はむしろ苦節ほど意義感激が深い。不可貞の貞は固貞の意で、生命の無い、意義の無い、徒に凝り固まってしまった操守のことである。約束を守るという一つの信を常に変らず実行することは一つの貞である。然し、女と橋の下で逢う約束をして、時間通り来ぬ女を約束だからといって、上げ潮にそのまま溺れて死ぬようなのは、尾生の信といって天下の笑い草である。役人は特に闇買いをしないというのは苦節であるが、故に餓死するのは、感心なことではあるが、餓死より外にないことではない。大石内蔵助が遊蕩をしたのは、他人から言えば、しなかった方がなお善いに相違ないが、本人が石部金吉で推し通した人であったとして、それで果してあの義挙ができた人であったかどうかは、判定できるものではない。苦節の場合は、その人独自の思慮と行動とに待つ外はない。杓子定規ではいけない——というのである。

ただこういうことは言えるであろう、苦節というものは非常に不運なことで、尋常には心がけによって、随分苦節も安節・甘節になし得るものであると。

明初、燕王の革命に、王を輔けた異僧道衍は、その雑詩の一に、

志士守苦節　　志士は苦節を守る
達人滞玄言　　達人は玄言に滞らんや
苦節不可貞　　苦節は貞くすべからず
玄言豈其然　　玄言は豈それ然らんや

と詠じている。同時その革命の悲惨な犠牲となった大儒方正学（孝孺）は、その王仲縉の韻に次する詩に、

朶頤多所失　　朶頤（山雷頤初九の爻辞）失う所多し
苦節未可非　　苦節未だ非とすべからず

と詠じている。境遇と器量が決する活問題である。
苦節不可貞*は、それこそ、苦節は貞うべからずと解してもよい。

＊　聞一多氏はこれを車のスピード加減に解し、甘節・苦節を緩（甘）急（苦）の意とするが、牽強附会で採れない。

初九　節の卦であるから、いずれにせよ厄介な事態に臨んでのことである。この場合は通塞即ち事態の成行を静観して、*自分は慎んでのり出さぬことである。

＊（辞）「不出戸庭」とある。三・四・五の艮を門とする。これに一陽を隔てておるから戸庭とする。

二爻は門庭となっている。

九二　「門庭を出でず。凶」とあり。伝に「時を失うこと極まれるなり」と釈いている。二爻は中爻である。九五と応じて節を立てねばならぬ。その時に形勢を観望して、内に籠っていることは失節であり、凶である。この爻辞、門庭を出でざれば、と仮定に読む方よろし。

六三　節を失い易いところである。大いに嗟かねばならぬことになる。それを戒めれば咎無きを得よう。

六四　ここまで努力してくれば、苦も安らかになってくる。また面を変えて言えば、兌の上の四爻、九五爻の主を輔ける地位、節に安んじて行うことができる。

九五　全責任を以て節を立てるところである。乃公出でずんば天下の蒼生を如何せんやである。いかなる苦節にも甘んじて当らねばならぬ。それでこそ人から敬重される。爻辞に曰く、「甘節。吉。往いて尚ばるるあり」。

上六　「苦節。貞。凶。悔亡」。その伝に「其道窮也」とある。節は要するに苦である。尋常には道窮するのである。故に凶である。貞でなければならぬが、その貞は尋常一様の貞ではいけないというのが卦辞にある総説である。然し節の極は甘んじて節に死なねばならぬこともある。凶に相違ないが、悔いはない。特に上六に位する者にこの憂が少くない。この卦爻共に大いなる道徳哲学に値するものである。

中孚（ちゅうふ） 風上沢下 ䷼ 風沢中孚 〈誠と反応〉

孚は弘く行われる義である。節は人が感動して語り伝える。故に節に次ぐに中孚を以てする（序卦）。沢の口と、風の口と相接する。口移しの象である。舟（風木）沢上を行く象である。「中孚は豚魚なり。吉。大川を渉（わた）るに利し。貞に利（よろ）し」（卦辞）。豚魚は豚と魚とではなく、江豚という沢中の生物で、いるかの類という。風の起つ前には必ず水面に現れ、風の方向に向って口を開く。それで風信ともいわれる。豚魚さえ信は吉いものである。人も天に応じて孚（まこと）でなければならぬ。孚なれば何事も成すことができる。一貫するがよろしい。孚は邦を化することもできる。大象には、「国政に最も厄介な刑事々件も結局孚によって議決ができ、死刑を救うこともできる」としている。偉大な思想ではないか。

初九　「虞吉（ぐ）。它（た）有れば燕（やす）からず」。

虞はおもんぱかる、憂えておもんぱかる、うれえて予防する等の義である。孚はそうあること、慈は悲であり、愛はかなしと同義である。

虞を沢中にのみ棲む沢虞（たくぐ）、一に固沢（こたく）という鳥の名とする説がある。明末の大家銭啓新がこれを説き、孫夏峰（奇逢）が賛同している。初九は六四と正応する。深く信じて他意なかるべしというのである。

九二　同志相呼びかわして行くのである。辞に「鳴鶴・陰に在り。其の子之に和す。我れ好爵あり。吾れ爾と之を靡（つく）*さん」とある。この卦二陽・二陰・二陽で、約すれば☲離となる。離卦は鳥を表す。真中が胴体で、両端が翼である。約象は山で、山沢損䷨となり、山下の沢に棲む鶴にたとえたのは妙である。

＊　通説と異り、聞一多氏説をとった。爵は酒杯である。

六三　同志と物議の多い段階である。「敵を得」と爻辞にあるが、六四と三とで、口相向う象がそれを物語っている。

六四　月とすれば、満月に近い。下に拘（かかわ）っておらず、九五の為に努力せねばならぬ。

九五　中正である。同志を率いてゆけば咎（とが）はない。

上九　「翰音・天に登る。貞なるも凶」とある。翰は羽である。固沢鳥が沢を去って天がけるは凶である。孚はあくまでも実地に即さねばならぬ。

小過（しょうか）　雷上山下　䷽　雷山小過　〈分を守り足るを知る道〉

中孚は信である。信ある者は必ず之を行う。信は己を虚しうする、艮徳である。信以て行くを小過とする（序卦）。中孚に比すると、☵坎の約象であり、飛鳥の象ともする。「小過は亨る。貞に利し」は言うまでもない。三・四を除き、中爻を含めて四爻皆陰である。陽を大とし、陰を小とする。即ち小過で、大過（沢風）に比する卦である。小事に可く、大事に可くない。鳥の飛ぶ象であるが、陰の卦であり、艮（止）を本とするから、「上るに宜しからず、下るに宜し。大吉」である（卦辞）。小過の吉なる代表例として、大象は三件を挙げている。行・恭に過ぎること、喪・哀に過ぎること、用・倹に過ぐること。これに咎はない。

初六　飛鳥は凶。艮の初六である。止まらねばならぬ。欲心を馳せるはいけない。

六二　中正である。辞に、「其の祖を過ぎ、其の妣に遇う、其の君に及ばず、其の臣に遇う、咎なし」という難解の語がある。祖は亡き父で陽（九三）、妣は亡き母で陰（初六）。三爻は君上、初爻は臣下に当る。卦辞に「上るに宜しからず、下るに宜し」とある通り、六二は中正を守って、九三に上らず、初六に下って、咎無きを得る（明の来知徳「周易集注」）。

九三　上六に正応するが、艮の上爻で、重厚でなければならぬ。上に求めて走れば凶たること疑をいれぬ。

九四　六五に正比するが、卦の主旨に随って下るに宜し。自ら用いてはならぬ。永貞なれ。永貞を用うる勿(なか)れと解する説もあるが、採れない。

六五　風天小畜の卦辞である「密雲雨らず。我が西郊よりす」をこの爻辞にとっている。そして「公・弋(よく)して彼の穴に在るを取る」とあるが、小過であるから陰盛んである。六五は兌の上爻にあたり、正に辞の通りということができる。この有為の人物を引出すことができれば、大雨沛然(はいぜん)として天下を沢(うるお)すこともできよう。卦全体は坎(あな)であるから、三・四は彼の穴に在る者である。

上六　小過はあくまでも謙下して重厚でなければならぬ。上六は九三に正応するのであるが、亢(あが)ると、飛鳥が網や弋(いぐるみ)にかかるように天災・人眚(じんせい)(わざわい)にかかる。凶。

既済(きせい)(きさい)　水上火下　䷾　水火既済　〈有終の道〉

六十二卦を承けて、一応現象のかたがつく卦である。即(すなわ)ち既(おわ)り済(す)むと名づける。(＊雑卦に曰く。「既済定也」)火に水を注いで、火の消える象である。各爻皆正位して中正である。

卦辞にいう、「既済は亨(とお)る、小なり。貞に利(よろ)し。初は吉。終乱る」。「亨小」という辞はない。朱子はこれを伝写の誤倒で、小亨とすべきものとしている。その方が妥当であるが、そのままでも同意に解せられる。要するに既済は陰に帰するのである。亨る。小なりでも、小に亨るでもよい。小を利貞にかけてもよい。初吉は言うまでもなかろう。ただ造化は已むことがない。終は即ち始である。既済は固定ではない。始は定まるかに見えて、その果はまた新たな動きが始まる。乱とはそれをいうのである。そこで君子は常に安心しきることなく、「患を思うて、之を予防する」（大象）。本卦の互卦を見ると、次の䷿火水未済を含んでおるのである。

初九　二・三・四は坎☵である。坎は車の象また狐の象とする。初九は車の輪を曳く象であり、また狐とすれば、その尾にあたる。小過は無事に過すことであるから、既済となって、人々は調子にまかせて進もうとする。それは危いと曳き止めることである。狐は水を済るに尾を揚げる。尾を垂れて濡らせば泳ぎ渡れないという（漢「風俗通義」所伝）。

六二　中正にして九五と正応する。妨害があっても棄て置けばよい。自然に解決する。勢定まっておるからである。

九三　重大段階であるが、殷の高宗（武丁）が鬼方（西北方のチベット族犬戎―王国維説）を伐って、三年もかかったがこれを平定したようなものである。小人は用いてはならない。これを誤れば○䷂水雷屯となって、大いなる危難となる。

六四　既済の半を過ぎて、すでに変化の機を含む所である。十分なる注意を要する。この爻辞に「舟に小穴があって水が浸入する。それを在り合せのぼろで塞ぐ」という例を引いている。

九五　既済の安定したかに見える時であり、上に立つ者は安心して驕怠の始まる時である。この時において、よく情勢を比較検討して、神の嘉賞されるようであれば、実にその福を受けて、吉大いに来るであろう。

上六　安定は久しきを得ない。油断をすれば首を濡らす沈没を招く。厲きを知らねばならぬ。

未済　火上水下　䷿　火水未済　〈無終の道〉

既済はそのままに未済である（綜卦）。循環して止まない。光明を望んで険を済る象である。既済とは逆に各爻皆処を得ないが、すべて正応している。亨るのである。卦辞に前卦にもある狐の例を引用している。水に未経験な小狐が水を渡る中途で早くも尾を垂れて苦しむが如く、力を量って慎重に行らねばいけない。故に大象に、「君子以て慎んで物を弁じ、方*（正）に居る（或は方に居らしむ）」と説いている。

＊　殷虚卜辞の研究によって、方は当時外の敵国を指し、後、帰順と共に外藩・外様大名としたものであることが明らかである。居方は乃ち対外関係の正当な配置を意味する。

初六　卦辞の通り、小狐が川の中途に尾を垂れて濡らすようなものであるから、慎重に弁えねばならぬ。

九二　既済の初九にいう、車の輪を曳くところ、即(すなわ)ち軽率な進み方をしないで自重すれば吉。

六三　険の極ゆえ、軽率に進むは凶である。然(しか)し前途光明あり、離はまた舟の象であるから遂行するによろし。

九四　明らかに物を弁じ、方正の道を守って、ここに至り吉。悔いなし。六五の主の命を受け、鬼方を征伐して、大国に封ぜられた如く、志行われるのである。

六五　「貞吉。悔なし。君子の光あり。孚(まこと)有りて吉」。使命を果し、どっしり重鎮するところである。

上九　杯をあげて皆の為に祝福し、更に新たな意気を養う所である。酔いしれて不覚を招いてはいけない。

第二次世界大戦を顧みるに、イタリーのファッショも、ドイツのナチスも、日本の軍国主義者も、皆この未済の理義に全く背いて大敗を招いたものということができる。

未済は新な「咸」を体することであり、また「乾」を始めることでもある。六十四卦の偉大な循環連鎖をここに見ることができる。これはそのまま人生の表象であり、歴史の表象であり、大自然界の表象に外ならない。繫辞上伝に曰う、「夫れ易は広し、大なり。以て遠きを言えば則ち禦まらず。以て迩きを言えば則ち静にして正し。以て天地の間を言えば則ち備われり」と。

周易本文

上経

乾 ䷀

【乾、元亨。利レ貞。】〔乾(けん)は元(おお)いに亨(とお)る。貞(てい)に利(よろ)し。〕

【初九。潜龍。勿レ用。】〔初九(しょきゅう)。潜龍(せんりゅう)なり。用(もち)ふる勿(なか)れ。〕

【九二。見龍在レ田。利レ見二大人一。】〔九二(きゅうじ)。見龍、田(でん)に在り。大人(たいじん)を見るに利(よろ)し。〕

【九三。君子終日乾乾、夕惕若。厲无レ咎。】〔九三(きゅうさん)。君子終日乾乾(けんけん)し、夕(ゆう)べに惕若(てきじゃく)たれば、厲(あや)ふけれども咎(とが)无(な)し。〕

【九四。或躍在レ淵。无レ咎。】〔九四(きゅうし)。或(あるい)は躍(おど)りて淵(ふち)に在り。咎(とが)无(な)し。〕

【九五。飛龍在レ天。利レ見二大人一。】〔九五(きゅうご)。飛龍(ひりゅう)、天(てん)に在り。大人(たいじん)を見るに利(よろ)し。〕

【上九。亢龍有レ悔。】〔上九(じょうきゅう)。亢龍(こうりょう)、悔(くい)有り。〕

【用九。見二群龍无一レ首。吉。】〔用九(ようきゅう)。群龍首(かしら)无(な)きを見る。吉。〕

坤 ䷁

【坤、元亨。利ニ牝馬之貞一。君子有レ攸レ往、先迷、後得レ主。利ニ西南得レ朋、東北喪レ朋。安レ貞吉。】

〔坤は元いに亨る。牝馬の貞に利し。君子往く攸有り。先んずれば迷ひ、後るれば主を得。西南に朋を得、東北に朋を喪ふに利あり。貞に安んずれば吉なり。〕

【初六。履レ霜堅冰至。】〔初六。霜を履みて堅冰至る。〕

【六二。直方大。不レ習。无レ不レ利。】〔六二。直方大なり。習はざれども利しからざる无し。〕

【六三。含レ章可レ貞。或従ニ王事一。无レ成有レ終。】〔六三。章を含み貞にすべし。或は王事に従ふ。成すこと无くして終り有り。〕

【六四。括レ嚢。无レ咎无レ誉。】〔六四。嚢を括る。咎も无く誉れも无し。〕

【六五。黄裳。元吉。】〔六五。黄裳なり。元吉なり。〕

【上六。龍戦ニ于野一。其血玄黄。】〔上六。龍、野に戦ふ。其の血玄黄。〕

【用六。利ニ永貞一。】〔用六、永貞に利し。〕

屯 ䷂

【屯、元亨。利レ貞。勿レ用レ有レ攸レ往。利レ建レ侯。】〔屯は元いに亨る。貞に利し。往く攸有るに用ふ

る勿れ。侯を建つるに利し。〕

【初九。磐桓。利レ居レ貞。利レ建レ侯。】〔初九。磐桓す。貞に居るに利し。侯を建つるに利し。〕

【六二。屯如、邅如、乗馬班如。匪レ寇婚媾。女子貞不レ字。十年乃字。】〔六二。屯如たり、邅如たり。乗馬班如たり。寇するに匪ず、婚媾せんとす。女子貞にして字せず。十年にして乃ち字す。〕

【六三。即レ鹿无レ虞。惟入二于林中一。君子幾不レ如レ舎。往吝。】〔六三。鹿に即きて虞无く、惟だ林中に入る。君子は幾をみて舎むに如かず。往けば吝なり。〕

【六四。乗レ馬班如。求二婚媾一往、吉无レ不レ利。】〔六四。馬に乗りて班如たり。婚媾を求めて往けば、吉にして利しからざる无し。〕

【九五。屯二其膏一。小貞吉。大貞凶。】〔九五。其の膏を屯す。小貞は吉。大貞は凶。〕

【上六。乗レ馬班如。泣血漣如。】〔上六。馬に乗りて班如たり。泣血漣如たり。〕

蒙 ䷃

【蒙、亨。匪三我求二童蒙一、童蒙求レ我。初筮告。再三瀆。瀆則不レ告。利レ貞。】〔蒙は亨る。我、童蒙に求むるに匪ず、童蒙、我に求む。初筮は告ぐ。再三すれば瀆る。瀆るれば則ち告げず。貞に利し。〕

【初六。発レ蒙。利三用刑レ人。用説二桎梏一。以往吝。】〔初六。蒙を発く。用て人を刑し、用て桎梏を説くに利し。以て往けば吝なり。〕

【九二。包レ蒙、吉。納レ婦、吉。子克レ家。】〔九二。蒙を包ぬ、吉。婦を納る、吉。子、家を克くす。〕

【六三。勿レ用レ取レ女。見二金夫一、不レ有レ躬。无レ攸レ利。】〔六三。女を取るに用ふる勿れ。金夫を見て、躬を有たず。利しき攸无し。〕

【六四。困レ蒙。吝。】〔六四。蒙に困しむ。吝なり。〕

【六五。童蒙、吉。】〔六五。童蒙、吉なり。〕

【上九。撃レ蒙。不レ利レ為レ寇、利レ禦レ寇。】〔上九。蒙を撃つ。寇を為すに利しからず。寇を禦ぐに利し。〕

需 ䷄

【需、有レ孚。光亨。貞吉。利レ渉二大川一。】〔需は孚有り。光いに亨る。貞にして吉。大川を渉るに利し。〕

【初九。需二于郊一。利レ用レ恒。无レ咎。】〔初九。郊に需つ。恒を用ふるに利し。咎无し。〕

【九二。需二于沙一。小有レ言、終吉。】〔九二。沙に需つ。小しく言有り。終に吉。〕

【九三。需二于泥一。致二寇至一。】〔九三。泥に需つ。寇の至るを致す。〕

【六四。需二于血一。出レ自レ穴。】〔六四。血に需つ。穴自り出づ。〕

【九五。需二于酒食一。貞吉。】〔九五。酒食に需つ。貞にして吉。〕

【上六。入二于穴一。有二不レ速之客三人来一。敬レ之終吉。】〔上六。穴に入る。速かざるの客三人来る有り。之を敬すれば終に吉。〕

訟 ䷅

【訟、有レ孚窒。惕中吉、終凶。利レ見二大人一。不レ利レ渉二大川一。】〔訟は孚有りて窒がる。惕れて中すれば吉。終ふれば凶。大人を見るに利し。大川を渉るに利しからず。〕

【初六。不レ永レ所レ事、小有レ言、終吉。】〔初六。事とする所を永くせず。小しく言有れども、終に吉なり。〕

【九二。不レ克レ訟。帰而逋。其邑人三百戸、无レ眚。】〔九二。訟を克くせず。帰りて逋る。其の邑人三百戸、眚无し。〕

【六三。食二旧徳一。貞厲終吉。或従二王事一、无レ成。】〔六三。旧徳に食む。貞なれば厲ふけれども終に吉なり。或は王事に従ふも、成ること无し。〕

【九四。不レ克レ訟。復即レ命、渝安レ貞、吉。】〔九四。訟を克くせず。復りて命に即き、渝へて貞に安んずれば吉なり。〕

【九五。訟、元吉。】〔九五。訟へ元吉。〕

【上九。或錫二之鞶帯一。終朝三褫レ之。】〔上九。或は之に鞶帯を錫ふ。終朝に三たび之を褫はる。〕

師 ䷆

【師、貞。丈人吉。无レ咎。】〔師は貞なり。丈人なれば吉。咎无し。〕

【初六。師出以レ律。否臧凶。】〔初六。師出づるに律を以てす。否なれば臧きも凶。〕

【九二。在レ師中。吉无レ咎。王三錫レ命。】〔九二。師に在りて中す。吉にして咎无し。王三たび命を錫ふ。〕

【六三。師或輿レ尸。凶。】〔六三。師或は尸を輿ふ。凶。〕

【六四。師左次。无レ咎。】〔六四。師、左次す。咎无し。〕

【六五。田有レ禽、利レ執レ言。无レ咎。長子帥レ師。弟子輿レ尸、貞凶。】〔六五。田に禽有り。言を執るに利し。咎无し。長子は師を帥ゐる。弟子は尸を輿ふ。貞なれば凶。〕

【上六。大君有レ命。開レ国承レ家。小人勿レ用。】〔上六。大君命有りて、国を開き家を承く。小人は用ふる勿れ。〕

比 ䷇

【比、吉。原筮。元永貞、无レ咎。不レ寧方来。後夫凶。】〔比は吉なり。原筮して元永貞なれば、咎

无し。寧からざるもの方に来る。後るる夫は凶。〕

【初六。有㆑孚比㆑之、无㆑咎。有㆑孚盈㆑缶、終来有㆓他吉㆒。】〔初六。孚有りて之に比すれば、咎无し。孚有りて缶に盈つれば、終に来りて他の吉有り。〕

【六二。比㆑之自㆑内。貞吉。】〔六二。之に比すること内自りす。貞にして吉。〕

【六三。比㆓之匪人㆒。】〔六三。匪人に比す。〕

【六四。外比㆑之。貞吉。】〔六四。外之に比す。貞にして吉。〕

【九五。顕比。王用三駆失㆓前禽㆒。邑人不㆑誡。吉。】〔九五。顕らかに比す。王、用て三駆して前禽を失ふ。邑人誡めず。吉。〕

【上六。比㆑之无㆑首。凶。】〔上六。之に比するに首无し。凶。〕

小畜 ䷈

【小畜、亨。密雲不㆑雨。自㆓我西郊㆒。】〔小畜は亨る。密雲あれども雨ふらず。我が西郊自りす。〕

【初九。復自㆑道。何其咎。吉。】〔初九。復ること道自りす。何ぞ其れ咎あらん。吉。〕

【九二。牽復。吉。】〔九二。牽きて復る。吉。〕

【九三。輿説㆑輻。夫妻反㆑目。】〔九三。輿、輻を説く。夫妻目を反む。〕

【六四。有㆑孚。血去惕出。无㆑咎。】〔六四。孚有り。血み去り惕れ出づ。咎无し。〕

【九五。有レ孚攣如。富以二其隣一。】〔九五。孚有り攣如たり。富むに其の隣と以にす。〕

【上九。既雨既処。尚レ徳載。婦貞厲。月幾レ望。君子征凶。】〔上九。既に雨ふり既に処る。徳を尚びて載つ。婦は貞なれども厲ふし。月望に幾し。君子征けば凶。〕

履 ䷉

【履二虎尾一不レ咥レ人。亨。】〔虎の尾を履むも人を咥わず。亨る。〕

【初九。素履。往无レ咎。】〔初九。素履す。往けば咎无し。〕

【九二。履レ道坦坦。幽人貞吉。】〔九二。道を履むこと坦々たり。幽人貞なれば吉。〕

【六三。眇能視、跛能履。履二虎尾一咥レ人。凶。武人為二于大君一。】〔六三。眇にして能く視、跛にして能く履む。虎の尾を履む。人を咥ふ。凶なり。武人、大君と為る。〕

【九四。履二虎尾一。愬愬終吉。】〔九四。虎の尾を履む。愬愬たり。終に吉なり。〕

【九五。夬履。貞厲。】〔九五。夬して履む。貞なれども厲ふし。〕

【上九。視レ履考レ祥。其旋元吉。】〔上九。履を視て祥を考ふ。其れ旋れば元吉。〕

泰 ䷊

【泰、小往大来。吉亨。】〔泰は小往き大来る。吉。亨る。〕

【初九。抜レ茅茹。以二其彙一。征吉。】〔初九。茅を抜くに茹たり。其の彙を以てす。征きて吉。〕

【九二。包レ荒、用レ馮レ河、不二遐遺一、朋亡、得レ尚二于中行一。】〔九二。荒を包ね、河を馮るを用ひ、遐きを遺れず、朋亡ふときは、中行に尚ふことを得。〕

【九三。无二平不一レ陂、无二往不一レ復。艱貞无レ咎。勿レ恤二其孚一。于レ食有レ福。】〔九三。平らかにして陂かざるは无く、往くとして復らざるは无し。艱貞にして咎无し。其の孚を恤ふる勿れ。食に于て福有り。〕

【六四。翩翩。不レ富以二其隣一。不レ戒以孚。】〔六四。翩翩として富まず。其の隣と以にす。戒めずして以て孚有り。〕

【六五。帝乙帰レ妹。以祉元吉。】〔六五。帝乙、妹を帰がしむ。以て祉あり。元吉。〕

【上六。城復二于隍一。勿レ用レ師。自レ邑告命。貞吝。】〔上六。城隍に復る。師を用ふること勿れ。邑自り告命す。貞なれども吝なり。〕

否 ䷋

【否二之匪人一。不レ利二君子貞一。大往小来。】〔匪人に否がる。君子の貞に利しからず。大往き小来る。〕

【初六。抜レ茅茹。以二其彙一。貞吉亨。】〔初六。茅を抜くに茹たり。其の彙を以てす。貞なれば吉にして亨る。〕

【六二。包承。小人吉。大人否亨。】〔六二。包承す。小人は吉。大人は否にして亨る。〕

【六三。包羞。】〔六三。包羞す。〕

【九四。有レ命无レ咎。疇離レ祉。】〔九四。命有り咎无し。疇、祉に離ふ。〕

【九五。休レ否。大人吉。其亡其亡。繫二于苞桑一。】〔九五。否を休む。大人は吉。其れ亡びん、其れ亡びんと。苞桑に繫る。〕

【上九。傾レ否。先否後喜。】〔上九。否を傾く。先には否にして後には喜ぶ。〕

同人 ䷌

【同人、于レ野。亨。利レ渉二大川一。利二君子貞一。】〔同人は野に于てす。亨る。大川を渉るに利し。君子の貞に利し。〕

【初九。同人于レ門。无レ咎。】〔初九。同人、門に于てす。咎无し。〕

【六二。同人于レ宗。吝。】〔六二。同人、宗に于てす。吝なり。〕

【九三。伏二戎于莽一、升二其高陵一。三歳不レ興。】〔九三。戎を莽に伏し、其の高陵に升る。三歳興らず。〕

【九四。乗二其墉一、弗レ克レ攻。吉。】〔九四。其の墉に乗る、攻むる克はず。吉。〕

【九五。同人、先号咷而後笑。大師克相遇。】〔九五。同人、先には号咷して後には笑ふ。大師克ち

て相遇ふ。〕

【上九。同人于レ郊。无レ悔。】〔上九。同人、郊に于てす。悔无し。〕

大有 ䷍

【大有、元亨。】〔大有は元いに亨る。〕

【初九。无レ交レ害。匪レ咎。艱則无レ咎。】〔初九。害に交ること无し。咎あるに匪ず。艱むときは、則ち咎无し。〕

【九二。大車以載。有レ攸レ往无レ咎。】〔九二。大車以て載す。往く攸有り。咎无し。〕

【九三。公用亨二于天子一。小人弗レ克。】〔九三。公用て天子に亨せらる。小人は克はず。〕

【九四。匪二其彭一。无レ咎。】〔九四。其の彭なるに匪ず。咎无し。〕

【六五。厥孚交如、威如。吉。】〔六五。厥の孚、交如たり、威如たり。吉。〕

【上九。自レ天祐レ之。吉无レ不レ利。】〔上九。天自り之を祐く。吉にして利しからざる无し。〕

謙 ䷎

【謙、亨。君子有レ終。】〔謙は亨る。君子は終り有り。〕

【初六。謙謙。君子、用レ渉二大川一。吉。】〔初六。謙謙す。君子、大川を渉るに用ふれば吉。〕

【六二。鳴謙。貞吉。】〔六二。鳴謙す。貞にして吉。〕
【九三。労謙。君子、有レ終吉。】〔九三。労謙す。君子は終り有りて吉。〕
【六四。无レ不レ利。撝レ謙。】〔六四。利しからざること无し。謙を撝す。〕
【六五。不レ富以二其隣一。利二用侵伐一。无レ不レ利。】〔六五。富まず、其の隣と以にす。用て侵伐するに利し。利しからざる无し。〕
【上六。鳴謙。利三用行レ師征二邑国一。】〔上六。鳴謙す。用て師を行り邑国を征するに利し。〕

豫 ䷏

【豫、利二建レ侯行一レ師。】〔豫は侯を建て師を行るに利し。〕
【初六。鳴豫。凶。】〔初六。鳴豫す。凶。〕
【六二。介于レ石。不レ終レ日。貞吉。】〔六二。介きこと石の于し。日を終へず。貞なれば吉。〕
【六三。盱豫。悔。遅有レ悔。】〔六三。盱豫す。悔ゆ。遅ければ悔有り。〕
【九四。由豫。大有レ得。勿レ疑。朋盍簪。】〔九四。由豫す。大いに得ること有り。疑ふ勿れ。朋盍簪す。〕
【六五。貞疾。恒不レ死。】〔六五。貞にして疾む。恒に死せず。〕
【上六。冥豫。成有レ渝。无レ咎】〔上六。冥豫す。成るも渝ること有り。咎无し。〕

随 ䷐

【随、元亨。利レ貞。无レ咎。】〔随は元いに亨る。貞に利し。咎无し。〕

【初九。官有レ渝。貞吉。出レ門交有レ功。】〔初九。官渝ること有り。貞なれば吉。門を出でて交はれば功有り。〕

【六二。係二小子一。失二丈夫一。】〔六二。小子に係れば、丈夫を失ふ。〕

【六三。係二丈夫一。失二小子一。随有レ求得。利レ居レ貞。】〔六三。丈夫に係りて、小子を失ふ。随ひて求むる有れば得。貞に居るに利し。〕

【九四。随有レ獲。貞凶。有レ孚在レ道以明。何咎。】〔九四。随ひて獲る有り。貞なれども凶。孚有り道に在りて以て明らかならば、何の咎かあらん。〕

【九五。孚二于嘉一。吉。】〔九五。嘉に孚あり。吉。〕

【上六。拘二係之一。乃従維レ之。王用亨二于西山一。】〔上六。之を拘係す。乃ち従ひて之を維ぐ。王用て西山に亨す。〕

蠱 ䷑

【蠱、元亨。利レ渉二大川一。先レ甲三日、後レ甲三日。】〔蠱は元いに亨る。大川を渉るに利し。甲に先

だつこと三日、甲に後るること三日。〕

【初六。幹二父之蠱一。有レ子、考无レ咎。厲終吉。】〔初六。父の蠱を幹む。子有り、考咎无し。厲ふけれども終に吉。〕

【九二。幹二母之蠱一。不レ可レ貞。】〔九二。母の蠱を幹む。貞すべからず。〕

【九三。幹二父之蠱一。小有レ悔。无二大咎一。】〔九三。父の蠱を幹む。小しく悔有り。大咎无し。〕

【六四。裕二父之蠱一。往見レ吝。】〔六四。父の蠱を裕かにす。往いて吝を見る。〕

【六五。幹二父之蠱一。用誉。】〔六五。父の蠱を幹む。用て誉れあり。〕

【上九。不レ事二王侯一。高二尚其事一。】〔上九。王侯に事へず。其の事を高尚にす。〕

臨 ䷒

【臨、元亨。利レ貞。至二于八月一有レ凶。】〔臨は元いに亨る。貞に利し。八月に至りて凶有り。〕

【初九。咸臨。貞吉。】〔初九。咸臨す。貞にして吉。〕

【九二。咸臨。吉无レ不レ利。】〔九二。咸臨す。吉にして利しからざる无し。〕

【六三。甘臨。无レ攸レ利。既憂レ之。无レ咎。】〔六三。甘臨す。利しき攸无し。既に之を憂ふ。咎无し。〕

【六四。至臨。无レ咎。】〔六四。至臨す。咎无し。〕

【六五。知臨。大君之宜。吉。】〔六五。知臨す。大君の宜しきなり。吉。〕

【上六。敦臨。吉无レ咎。】〔上六。敦臨す。吉にして咎无し。〕

観 ䷓

【観、盥而不レ薦。有レ孚顒若。】〔観は盥ひて薦めず。孚有りて顒若たり。〕

【初六。童観。小人无レ咎。君子吝。】〔初六。童観す。小人は咎无し。君子は吝なり。〕

【六二。闚観。利二女貞一。】〔六二。闚観す。女の貞に利し。〕

【六三。観二我生一、進退。】〔六三。我が生を観て、進退す。〕

【六四。観二国之光一。利三用賓二于王一。】〔六四。国の光を観る。用て王に賓たるに利し。〕

【九五。観二我生一。君子无レ咎。】〔九五。我が生を観る。君子は咎无し。〕

【上九。観二其生一。君子无レ咎。】〔上九。其の生を観る。君子は咎无し。〕

噬嗑 ䷔

【噬嗑、亨。利レ用レ獄。】〔噬嗑は亨る。獄を用ふるに利し。〕

【初九。屨レ校滅レ趾。无レ咎。】〔初九。校を屨きて趾を滅る。咎无し。〕

【六二。噬レ膚滅レ鼻。无レ咎。】〔六二。膚を噬み鼻を滅る。咎无し。〕

【六三。噬二腊肉一、遇レ毒。小吝、无レ咎。】〔六三。腊肉を噬み、毒に遇ふ。小しく吝なり。咎无し。〕

【九四。噬二乾胏一、得二金矢一。利二艱貞一。吉。】〔九四。乾胏を噬み、金矢を得たり。艱貞に利し。吉。〕

【六五。噬二乾肉一、得二黄金一。貞厲无レ咎。】〔六五。乾肉を噬み、黄金を得たり。貞厲にして咎无し。〕

【上九。何レ校滅レ耳。凶。】〔上九。校を何ひて耳を滅る。凶。〕

賁 ䷕

【賁、亨。小利レ有レ攸レ往。】〔賁は亨る。小しく往く攸有るに利し。〕

【初九。賁二其趾一。舍レ車而徒。】〔初九。其の趾を賁る。車を舍てて徒す。〕

【六二。賁二其須一。】〔六二。其の須を賁る。〕

【九三。賁如、濡如。永貞吉。】〔九三。賁如たり、濡如たり。永貞にして吉。〕

【六四。賁如、皤如。白馬翰如。匪レ寇婚媾。】〔六四。賁如たり、皤如たり。白馬翰如たり。寇するに匪ず婚媾す。〕

【六五。賁二于丘園一。束帛戔戔。吝終吉。】〔六五。丘園に賁る。束帛戔戔たり。吝なれども終に吉。〕

【上九。白賁。无レ咎。】〔上九。白く賁る。咎无し。〕

剥 ䷖

【剝、不レ利レ有レ攸レ往。】〔剝は往く攸有るに利しからず。〕

【初六。剝レ牀以レ足。蔑レ貞。凶。】〔初六。牀を剝するに足を以てす。貞を蔑す。凶。〕

【六二。剝レ牀以レ辨。蔑レ貞。凶。】〔六二。牀を剝するに辨を以てす。貞を蔑す。凶。〕

【六三。剝レ之。无レ咎。】〔六三。之を剝す。咎无し。〕

【六四。剝レ牀以レ膚。凶。】〔六四。牀を剝するに膚を以てす。凶。〕

【六五。貫レ魚。以二宮人一寵。无レ不レ利。】〔六五。魚を貫き、宮人を以ゐて寵せしむ。利しからざる无し。〕

【上九。碩果不レ食。君子得レ輿、小人剝レ廬。】〔上九。碩果食はれず。君子は輿を得、小人は廬を剝す。〕

復 ䷗

【復、亨。出入无レ疾、朋来无レ咎。反二復其道一、七日来復。利レ有レ攸レ往。】〔復は亨る。出入疾无く、朋来りて咎无し。其の道を反復し、七日にして来復す。往く攸有るに利し。〕

【初九、不レ遠復。无レ祇レ悔。元吉。】〔初九。遠からずして復る。悔いに祇ること无し。元吉。〕

【六二。休復。吉。】〔六二。休復す。吉。〕

【六三。頻復。厲无レ咎。】〔六三。頻りに復す。厲ふけれども咎无し。〕

【六四。中行独復。】〔六四。中行にして独り復す。〕

【六五。敦復。无レ悔。】〔六五。敦く復す。悔い无し。〕

【上六。迷レ復、凶。有二災眚一。用行レ師、終有二大敗一。以二其国君一。凶。至二于十年一不レ克レ征。】〔上六。復に迷ふ。凶。災眚有り。用て師を行れば、終に大敗有り。其の国君に以ぶ。凶。十年に至るも征する克はず。〕

无妄 ䷘

【无妄、元亨。利レ貞。其匪レ正有レ眚。不レ利レ有レ攸レ往。】〔无妄は元いに亨る。貞に利し。其れ正に匪ずんば眚有り。往く攸有るに利しからず。〕

【初九。无妄。往吉。】〔初九。无妄なり。往きて吉なり。〕

【六二。不二耕穫一、不二菑畬一、則利レ有レ攸レ往。】〔六二。耕穫せず、菑畬せざれば、則ち往く攸有るに利し。〕

【六三。无妄之災。或繋二之牛一。行人之得。邑人之災。】〔六三。无妄の災あり。或は之が牛を繋ぐ。行人の得るは、邑人の災なり。〕

【九四。可レ貞。无レ咎。】〔九四。貞にすべし。咎无し。〕

【九五。无妄之疾。勿レ薬有レ喜。】〔九五。无妄の疾あり。薬すること勿くして喜び有り。〕

【上九。无妄。行有レ眚。无レ攸レ利。】〔上九。无妄なり。行けば眚有り。利しき攸无し。〕

大畜 ䷙

【大畜、利レ貞。不二家食一吉。利レ渉二大川一。】〔大畜は貞に利し。家食せずして吉。大川を渉るに利し。〕

【初九。有レ厲。利レ已。】〔初九。厲ふきこと有り。已むに利し。〕

【九二。輿説レ輹。】〔九二。輿、輹を説く。〕

【九三。良馬逐。利二艱貞一。曰閑二輿衛一。利レ有レ攸レ往。】〔九三。良馬逐ふ。艱貞に利し。日（曰）に輿衛を閑ふ。往く攸有るに利し。〕

【六四。童牛之牿。元吉。】〔六四。童牛の牿なり。元吉。〕

【六五。豶豕之牙。吉。】〔六五。豶豕の牙なり。吉。〕

【上九。何二天之衢一。亨。】〔上九。天の衢を何ふ。亨る。〕

頤 ䷚

【頤、貞吉。観レ頤、自求二口実一。】〔頤は貞吉なり。頤を観て、自ら口実を求む。〕

【初九。舎二爾霊亀一、観レ我朶レ頤。凶。】〔初九。爾の霊亀を舎て、我を観て頤を朶る。凶。〕

【六二。顚頤。払レ経。于レ丘頤。征凶。】〔六二（りくじ）。顚（さかしま）に頤（やしな）はる。経（つね）に払（もと）る。丘（おか）に于（おい）て頤（やしな）はる。征（ゆ）けば凶。〕

【六三。払レ頤。貞凶。十年勿レ用。无レ攸レ利。】〔六三（りくさん）。頤（おとがい）に払（もと）る。貞（てい）なれども凶。十年用（もち）ふる勿（なか）れ。利（よろ）しき攸（ところ）无（な）し。〕

【六四。顚頤。吉。虎視眈眈、其欲逐逐、无レ咎。】〔六四（りくし）。顚（さかしま）に頤（やしな）はる。吉。虎視眈眈（たんたん）たり、其（そ）の欲逐逐たり。咎（とが）无（な）し。〕

【六五。払レ経。居レ貞吉。不レ可レ渉二大川一。】〔六五（りくご）。経（つね）に払（もと）る。貞（てい）に居（お）れば吉。大川（たいせん）を渉（わた）るべからず。〕

【上九。由頤。厲吉。利レ渉二大川一。】〔上九（じょうきゅう）。由（よ）りて頤（やしな）はる。厲（あや）ふけれども吉。大川（たいせん）を渉（わた）るに利（よろ）し。〕

大過 ䷛

【大過、棟橈。利レ有レ攸往。亨。】〔大過（たいか）は棟橈（むなぎたわ）む。往（ゆ）く攸（ところ）有るに利（よろ）し。亨（とお）る。〕

【初六。藉用二白茅一。无レ咎。】〔初六（しょりく）。藉（し）くに白茅（はくぼう）を用（もち）ふ。咎（とが）无（な）し。〕

【九二。枯楊生レ稊、老夫得二其女妻一。无レ不レ利。】〔九二（きゅうじ）。枯楊、稊（ひこばえ）を生（しょう）ず。老夫、其（そ）の女妻（じょさい）を得（う）。利（よろ）しからざる无（な）し。〕

【九三。棟橈。凶。】〔九三（きゅうさん）。棟橈（むなぎたわ）む。凶。〕

【九四。棟隆。吉。有レ它吝。】〔九四（きゅうし）。棟（むなぎ）隆（たか）し。吉。它（た）有れば吝（りん）。〕

【九五。枯楊生レ華、老婦得二其士夫一。无レ咎无レ誉。】〔九五。枯楊華を生じ、老婦其の士夫を得。咎も无く誉れも无し。〕

【上六。過渉滅レ頂。凶。无レ咎。】〔上六。過ぎて渉り頂を滅す。凶。咎无し。〕

坎 ䷜

【習坎、有レ孚。維心亨。行有レ尚。】〔習坎は孚有り。維れ心亨る。行けば尚ばるること有り。〕

【初六。習坎、入二于坎窞一。凶。】〔初六。習坎。坎窞に入る。凶。〕

【九二。坎有レ険。求小得。】〔九二。坎に険有り。求めて小しく得。〕

【六三。来之坎坎。険且枕。入二于坎窞一。勿レ用。】〔六三。来るも之くも坎坎たり。険にして且つ枕す。坎窞に入る。用ふる勿れ。〕

【六四。樽酒簋貳。用レ缶。納レ約自レ牖。終无レ咎。】〔六四。樽酒簋貳。缶を用う。約を納るるに牖自りす。終に咎无し。〕

【九五。坎不レ盈。祗二既平一。无レ咎。】〔九五。坎盈たず。既に平らかなるに祗る。咎无し。〕

【上六。係用二徽纆一、寘二于叢棘一。三歳不レ得。凶。】〔上六。係ぐに徽纆を用ひて、叢棘に寘く。三歳まで得ず。凶。〕

離 ䷝

【離、利貞。亨。畜牝牛。吉。】〔離は貞に利し。亨る。牝牛を畜へば吉。〕

【初九。履錯然。敬之无咎。】〔初九。履むこと錯然たり。之を敬すれば咎无し。〕

【六二。黄離、元吉。】〔六二。黄離、元吉なり。〕

【九三。日昃之離。不鼓缶而歌、則大耋之嗟。凶。】〔九三。日昃の離なり。缶を鼓して歌はず、則ち大耋をこれ嗟く。凶。〕

【九四。突如其来如。焚如、死如、棄如。】〔九四。突如として其れ来如たり。焚如たり、死如たり、棄如たり。〕

【六五。出涕沱若。戚嗟若。吉。】〔六五。涕を出すこと沱若たり。戚へて嗟若たり。吉。〕

【上九。王用出征。有嘉折首。獲匪其醜、无咎。】〔上九。王用て出征す。嘉きこと有りて首を折く。獲ること其の醜に匪ざれば、咎无し。〕

下経

咸 ䷞

【咸、亨。利レ貞。取レ女吉。】〔咸は亨る。貞に利し。女を取るは吉なり。〕

【初六。咸二其拇一。】〔初六。其の拇に咸ず。〕

【六二。咸二其腓一。凶。居吉。】〔六二。其の腓に咸ず。凶。居れば吉。〕

【九三。咸二其股一。執其随。往吝。】〔九三。其の股に咸ず。執りて其れ随ふ。往けば吝なり。〕

【九四。貞吉悔亡。憧憧往来、朋従二爾思一。】〔九四。貞しければ吉にして、悔い亡ぶ。憧憧として往来すれば、朋、爾の思ひに従ふ。〕

【九五。咸二其脢一。无レ悔。】〔九五。其の脢に咸ず。悔い无し。〕

【上六。咸二其輔頬舌一。】〔上六。其の輔頬舌に咸ず。〕

恒 ䷟

【恒、亨。无レ咎。利レ貞。利レ有レ攸レ往。】〔恒は亨る。咎無し。貞に利し。往く攸有るに利し。〕

【初六。浚恒。貞凶。无レ攸レ利。】〔初六。恒を浚くす。貞なるも凶。利しき攸无し。〕

【九二。悔亡。】〔九二。悔い亡し。〕

【九三。不レ恒二其徳一。或承二之羞一。貞吝。】〔九三。其の徳を恒にせず。或は之が羞を承く。貞なるも吝。〕

【九四。田无レ禽。】〔九四。田して禽无し。〕

【六五。恒二其徳一。貞。婦人吉。夫子凶。】〔六五。其の徳を恒にす。貞。婦人は吉。夫子は凶。〕

【上六。振レ恒。凶。】〔上六。恒を振ふ。凶。〕

遯 ䷠

【遯、亨。小利レ貞。】〔遯は亨る。小しく貞に利し。〕

【初六。遯尾。厲。勿レ用レ有レ攸レ往。】〔初六。遯尾　厲ふし。往く攸有るを用ふる勿れ。〕

【六二。執レ之用二黄牛之革一。莫二之勝説一。】〔六二。之を執ふるに黄牛の革を用ふ。之を勝げて説くこと莫し。〕

【九三。係レ遯。有レ疾厲。畜二臣妾一吉。】〔九三。遯を係ぐ。疾有りて厲ふし。臣妾を畜ふには吉。〕

【九四。好遯。君子吉、小人否。】〔九四。好めども遯る。君子は吉、小人は否らず。〕

【九五。嘉遯。貞吉。】〔九五。嘉遯す。貞なれば吉。〕

【上九。肥遯。无レ不レ利。】〔上九。肥かに遯る。利しからざる无し。〕

大壮 ䷡

【大壮、利レ貞。】〔大壮は貞に利し。〕

【初九。壮二于趾一。征凶。有レ孚。】〔初九。趾に壮なり。征けば凶。孚有り。〕

【九二。貞吉。】〔九二。貞吉。〕

【九三。小人用レ壮、君子用レ罔。貞厲。羝羊触レ藩。羸二其角一。】〔九三。小人は壮を用ひ、君子は罔を用ふ。貞なれども厲ふし。羝羊藩に触れて、其の角を羸しむ。〕

【九四。貞吉。悔亡。藩決不レ羸。壮二于大輿之輹一。】〔九四。貞なれば吉。悔い亡し。藩決して羸しまず。大輿の輹に壮なり。〕

【六五。喪二羊于易一。无レ悔。】〔六五。羊を易に喪ふ。悔い无し。〕

【上六。羝羊触レ藩、不レ能レ退、不レ能レ遂。无レ攸レ利。艱則吉。】〔上六。羝羊藩に触る。退くこと能はず。遂ぐること能はず。利しき攸无し。艱めば則ち吉。〕

晋 ䷢

【晋、康侯用錫レ馬蕃庶。昼日三接。】〔晋は康侯用て馬を錫ふこと蕃庶たり。昼日に三接す。〕

【初六。晋如、摧如。貞吉。罔レ孚、裕无レ咎。】〔初六。晋如たり、摧如たり。貞なれば吉。孚とせ

らるる罔きも、裕かなれば咎无し。〕

【六二。晋如、愁如。貞吉。受二茲介福于其王母一。】〔六二。晋如たり愁如たり。貞なれば吉。茲の介福を其の王母に受く。〕

【六三。衆允。悔亡。】〔六三。衆允とす。悔い亡し。〕

【九四。晋如。鼫鼠貞厲。】〔九四。晋如たり。鼫鼠貞なれども厲ふし。〕

【六五。悔亡。失得勿レ恤。往吉无レ不レ利。】〔六五。悔い亡し。失得恤ふる勿れ。往けば吉にして利しからざる无し。〕

【上九。晋二其角一。維用伐レ邑、厲吉无レ咎。貞吝。】〔上九。其の角に晋む。維れ用て邑を伐つ。厲ふけれども吉。咎无し。貞なれども吝。〕

明夷 ䷣

【明夷、利二艱貞一。】〔明夷は艱貞に利し。〕

【初九。明夷、于飛垂二其翼一。君子于行。三日不レ食。有レ攸レ往、主人有レ言。】〔初九。明夷る。于に飛びて其の翼を垂る。君子于き行く。三日食はず。往く攸有れば、主人言有り。〕

【六二。明夷、夷二于左股一。用拯馬壮。吉。】〔六二。明夷る。左股を夷る。用て拯ふ馬壮なり。吉。〕

【九三。明夷、于南狩、得二其大首一。不レ可二疾貞一。】〔九三。明夷る。于きて南狩し其の大首を得た

り。疾貞すべからず。〕

【六四。入于左腹、獲明夷之心、于出門庭。】〔六四。左腹に入る。明夷の心を獲、于きて門庭を出づ。〕

【六五。箕子之明夷。利貞。】〔六五。箕子の明夷る。貞に利し。〕

【上六。不明晦。初登于天。後入于地。】〔上六。明ならずして晦し。初めは天に登り、後には地に入る。〕

家人 ䷤

【家人、利女貞。】〔家人は女貞に利し。〕

【初九。閑有家。悔亡。】〔初九。有家を閑ぐ。悔い亡し。〕

【六二。无攸遂。在中饋。貞吉。】〔六二。遂ぐる攸无し。中饋に在り。貞にして吉。〕

【九三。家人嗃嗃、悔厲吉。婦子嘻嘻、終吝。】〔九三。家人嗃嗃たり、厲しきを悔ゆれば吉。婦子嘻嘻たり、終に吝。〕

【六四。富家。大吉。】〔六四。家を富ます。大吉。〕

【九五。王仮有家。勿恤、吉。】〔九五。王、有家に仮る。恤ふる勿かれ。吉。〕

【上九。有孚、威如、終吉。】〔上九。孚有りて、威如たり。終に吉。〕

睽 ䷥

【睽、小事吉。】〔睽は小事には吉。〕

【初九。悔亡。喪レ馬勿レ逐、自復。見二悪人一。无レ咎。】〔初九。悔い亡し。馬を喪ふも逐ふこと勿れ。自ら復る。悪人を見るも咎无し。〕

【九二。遇二主于巷一。无レ咎】〔九二。主に巷に遇ふ。咎无し。〕

【六三。見二輿曳一。其牛掣。其人天且劓。无レ初有レ終。】〔六三。輿の曳かるるを見る。其の牛掣せらる。其の人は天にして且つ劓らる。初め无くして終り有り。〕

【九四。睽孤。遇二元夫一、交孚。厲无レ咎。】〔九四。睽孤。元（兀）夫に遇ふ。交孚あり。厲ふけれども咎无し。〕

【六五。悔亡。厥宗噬レ膚。往何咎。】〔六五。悔い亡し。厥の宗、膚を噬む。往いて何の咎あらん。〕

【上九。睽孤。見二豕負レ塗。載二鬼一車一。先張二之弧一。後説二之弧一。匪レ寇婚媾。往遇レ雨則吉。】〔上九。睽孤。豕の塗を負ふを見る。鬼を一車に載す。先には之が弧を張り、後には之が弧を説く。寇するに匪ず婚媾せん。往いて雨に遇へば、則ち吉。〕

蹇 ䷦

【蹇、利二西南一。不レ利二東北一。利レ見二大人一。貞吉。】〔蹇は西南に利し。東北に利しからず。大人を見るに利し。貞にして吉。〕

【初六。往蹇、来誉。】〔初六。往けば蹇み、来れば誉れあり。〕

【六二。王臣蹇蹇。匪二躬之故一。】〔六二。王臣蹇蹇す。躬の故に匪ず。〕

【九三。往蹇、来反。】〔九三。往けば蹇み、来れば反る。〕

【六四。往蹇、来連。】〔六四。往けば蹇み、来れば連なる。〕

【九五。大蹇、朋来。】〔九五。大いに蹇むも、朋来る。〕

【上六。往蹇、来碩。吉。利レ見二大人一。】〔上六。往けば蹇み、来れば碩なり。吉。大人を見るに利し。〕

解 ䷧

【解、利二西南一。无レ所レ往、其来復吉。有レ攸レ往、夙吉。】〔解は西南に利し。往く所无ければ、其れ来り復りて吉。往く攸有れば、夙くせば吉。〕

【初六。无レ咎。】〔初六。咎无し。〕

【九二。田獲二三狐一、得二黄矢一。貞吉。】〔九二。田して三狐を獲、黄矢を得たり。貞にして吉。〕

【六三。負且乗。致二寇至一。貞吝。】〔六三。負ひて且つ乗る。寇の至るを致す。貞なるも吝。〕

【九四。解二而拇一。朋至斯孚。】〔九四。而の拇を解く。朋至りて斯に孚あり。〕

【六五。君子維有レ解。吉。有レ孚二于小人一。】〔六五。君子維れ解くこと有り。吉。小人に孚有り。〕
【上六。公用射二隼于高墉之上一。獲レ之无レ不レ利。】〔上六。公用て隼を高墉の上に射る。之を獲て、利しからざる无し。〕

損 ䷨

【損、有レ孚、元吉。无レ咎。可レ貞。利レ有レ攸レ往。曷之用。二簋可二以享一。】〔損は孚有りて、元吉。咎无し。貞にすべし。往く攸有るに利し。曷をか之れ用ひん。二簋用て享むべし。〕
【初九。已レ事遄往、无レ咎。酌損レ之。】〔初九。事を已めて遄やかに往けば咎无し。酌みて之を損す。〕
【九二。利レ貞。征凶。弗レ損益レ之。】〔九二。貞に利し。征けば凶なり。損せずして之を益す。〕
【六三。三人行、則損二一人一。一人行、則得二其友一。】〔六三。三人行けば、則ち一人を損す。一人行けば、則ち其の友を得。〕
【六四。損二其疾一。使レ遄有レ喜。无レ咎。】〔六四。其の疾を損す。遄やかならしめば喜び有り。咎无し。〕
【六五。或益レ之。十朋之亀弗レ克レ違。元吉。】〔六五。或は之を益す。十朋の亀も違ふこと克はず。元吉。〕
【上九。弗レ損益レ之。无レ咎。貞吉。利レ有レ攸レ往。得レ臣无レ家。】〔上九。損せずして之を益す。咎无し。貞にして吉。往く攸有るに利し。臣を得て家无し。〕

益 ䷩

【益、利レ有レ攸レ往。利レ渉二大川一。】〔益は往く攸有るに利し。大川を渉るに利し。〕

【初九。利三用為二大作一。元吉。无レ咎。】〔初九。用て大作と為すに利し。元吉。咎无し。〕

【六二。或益レ之。十朋之亀弗レ克レ違。永貞吉。王用享二于帝一。吉。】〔六二。或は之を益す。十朋の亀も違ふこと克はず。永貞にして吉。王用て帝に享す。吉。〕

【六三。益レ之用二凶事一、无レ咎。有レ孚中行、告レ公用レ圭。】〔六三。之を益すに凶事を用てす。咎无し。孚有りて中行すれば、公に告して圭を用ふ。〕

【六四。中行告レ公従。利二用為レ依遷レ国。】〔六四。中行なれば公に告げて従はる。用て依を為し国を遷すに利し。〕

【九五。有レ孚恵心。勿レ問元吉。有レ孚恵二我徳一。】〔九五。孚有りて恵心。問ふ勿くして元吉。孚有りて我が徳を恵とす。〕

【上九。莫レ益レ之。或撃レ之。立レ心勿レ恒。凶。】〔上九。之を益すこと莫く、或は之を撃つ。心を立つる恒勿し。凶。〕

夬 ䷪

【夬、揚㆓于王庭㆒。孚号、有㆑厲。告自㆑邑。不㆑利㆑即㆑戎。利㆑有㆑攸㆑往。】〔夬は王庭に揚ぐ。孚ありて号ぶ、厲ふきこと有り。告ぐること邑自りす。戎に即くに利しからず。往く攸有るに利し。〕

【初九。壮㆓于前㆑趾。往不㆑勝為㆑咎。】〔初九。趾を前むるに壮なり。往きて勝たざるを咎と為す。〕

【九二。惕号。莫夜有㆑戎。勿㆑恤。】〔九二。惕れて号ぶ。莫夜、戎有るも恤ふる勿れ。〕

【九三。壮㆓于頄㆒。有㆑凶。君子夬夬。独行遇㆑雨、若㆑濡有㆑慍、无㆑咎。】〔九三。頄に壮なり。凶有り。君子は夬夬。独り行きて雨に遇ひ、濡るるが若く、慍ること有れども咎无し。〕

【九四。臀无㆑膚。其行次且。牽㆑羊悔亡。聞㆑言不㆑信。】〔九四。臀に膚无し。其の行くこと次且たり。羊を牽いて悔い亡し。言を聞くも信ぜず。〕

【九五。莧陸夬㆑夬。中行无㆑咎。】〔九五。莧陸、夬夬。中行、咎无し。〕

【上六。无㆑号。終有㆑凶。】〔上六。号ぶ无れ。終に凶有り。〕

姤 ䷫

【姤、女壮。勿㆑用㆑取㆑女。】〔姤は女壮なり。女を取るに用ふる勿れ。〕

【初六。繋㆓于金柅㆒。貞吉。有㆑攸㆑往見㆑凶、羸豕孚蹢躅。】〔初六。金柅に繋ぐ。貞にして吉。往く攸有れば凶を見る。羸豕、孚に蹢躅す。〕

【九二。包有㆑魚。无㆑咎。不㆑利㆑賓。】〔九二。包に魚有り。咎无し。賓に利しからず。〕

【九三。臀无レ膚。其行次且。厲无二大咎一。】〔九三。臀に膚無し。其の行くこと次且たり。厲ふけれども大咎無し。〕

【九四。包无レ魚。起レ凶。】〔九四。包に魚無し。凶を起す。〕

【九五。以レ杞包レ瓜。含レ章、有レ隕レ自レ天。】〔九五。杞を以て瓜を包む。章を含めば、天自り隕つること有り。〕

【上九。姤二其角一。吝无レ咎。】〔上九。其の角に姤ふ。吝なれども咎無し。〕

萃 ䷬

【萃、亨。王仮二有廟一。利レ見二大人一。亨。利レ貞。用二大牲一吉。利レ有レ攸レ往。】〔萃は亨る。王、有廟に仮る。大人を見るに利し。亨る。貞に利し。大牲を用ふれば吉なり。往く攸有るに利し。〕

【初六。有レ孚不レ終。乃乱乃萃。若号、一握為レ笑。勿レ恤。往无レ咎。】〔初六。孚有りて終らず。乃ち乱れ、乃ち萃まる。若し号ぶときは、一握して笑ひを為す。恤ふること勿れ、往いて咎无し。〕

【六二。引吉。无レ咎。孚乃利レ用レ禴。】〔六二。引いて吉。咎無し。孚あれば乃ち禴を用ふるに利し。〕

【六三。萃如、嗟如。无レ攸レ利。往无レ咎。小吝。】〔六三。萃如たり、嗟如たり。利しき攸無し。往

けば咎无し。小しく吝。〕

【九四。大吉、无レ咎。】〔九四。大吉にして、咎无し。〕

【九五。萃有レ位。无レ咎。匪レ孚。元永貞、悔亡。】〔九五。萃むるに位有り。咎无し。孚あるに匪ず。元永貞にして、悔い亡し。〕

【上六。齎咨、涕洟。无レ咎。】〔上六。齎咨、涕洟す。咎无し。〕

升 ䷭

【升、元亨。用見二大人一。勿レ恤。南征吉。】〔升は元いに亨る。用て大人を見る。恤うる勿れ。南征して吉。〕

【初六。允升。大吉。】〔初六。允に升る。大吉。〕

【九二。孚乃利レ用レ禴。无レ咎。】〔九二。孚あれば乃ち禴（質素な祭の名）を用ふるに利し。咎无し。〕

【九三。升二虚邑一。】〔九三。虚邑に升る。〕

【六四。王用亨二于岐山一。吉无レ咎。】〔六四。王用て岐山に亨す。吉にして咎无し。〕

【六五。貞吉。升レ階。】〔六五。貞なれば吉。階に升る。〕

【上六。冥升。利二于不レ息之貞一。】〔上六。冥くして升る。息まざるの貞に利し。〕

困 ䷮

【困、亨。貞。大人吉无レ咎。有レ言不レ信。】〔困は亨る。貞なれ。大人は吉にして咎无し。言有るも信ぜられず。〕

【初六。臀困二于株木一、入二于幽谷一。三歳不レ覿。】〔初六。臀、株木に困しむ。幽谷に入る。三歳まで覿ず。〕

【九二。困二于酒食一。朱紱方来。利二用亨祀一。征凶。无レ咎。】〔九二。酒食に困しむ。朱紱方に来る。用て亨祀するに利し。征けば凶。咎无し。〕

【六三。困二于石一、拠二于蒺藜一。入二于其宮一、不レ見二其妻一。凶。】〔六三。石に困しみ、蒺藜に拠る。其の宮に入り、其の妻を見ず。凶。〕

【九四。来徐徐。困二于金車一。吝有レ終。】〔九四。来ること徐徐たり。金車に困しむ。吝なれども終り有り。〕

【九五。劓刖、困二于赤紱一。乃徐有レ説。利二用祭祀一。】〔九五。劓られ刖られ赤紱に困しむ。乃ち 徐に説び有り。用て祭祀するに利し。〕

【上六。困二于葛藟于臲卼一。曰。動悔。有レ悔征吉。】〔上六。葛藟に臲卼に困しむ。曰く、動けば悔ゆと。悔有り。征いて吉。〕

井 ䷯

【井、改レ邑不レ改レ井。无レ喪无レ得。往来井レ井、汔至亦未レ繘レ井。羸ニ其瓶一。凶。】〔井は邑を改めて井を改めず。喪ふこと无く得ること无し。往来、井を井とす。汔ど至らんとして、亦た未だ井に繘せず。其の瓶を羸る。凶。〕

【初六。井泥不レ食。旧井无レ禽。】〔初六。井泥にして食はれず。旧井に禽无し。〕

【九二。井谷射レ鮒。甕敝漏。】〔九二。井谷鮒に射ぐ。甕敝れて漏る。〕

【九三。井渫不レ食。為ニ我心惻一。可ニ用汲一。王明並受ニ其福一。】〔九三。井渫って食はれず。我が心の惻みを為す。用て汲むべし。王明ならば、並びに其の福を受けん。〕

【六四。井甃。无レ咎。】〔六四。井甃にす。咎无し。〕

【九五。井冽、寒泉食。】〔九五。井冽くして、寒泉食はる。〕

【上六。井収勿レ幕。有レ孚元吉。】〔上六。井収めば幕ふ勿れ。孚有れば元吉。〕

革 ䷰

【革、已日乃孚。元亨。利レ貞。悔亡。】〔革は已む日乃ち孚あり。元いに亨る。貞に利し。悔い亡し。〕

【初九。鞏用ニ黄牛之革一。】〔初九。鞏むるに黄牛の革を用ふ。〕

【六二。已日乃革レ之。征吉无レ咎。】〔六二。已む日にして乃ち之を革む。征けば吉にして咎无し。〕

【九三。征凶。貞厲。革言三就、有レ孚。】〔九三。征けば凶。貞なれども厲ふし。革の言、三たび就る。孚有り。〕

【九四。悔亡。有レ孚改レ命。吉。】〔九四。悔い亡し。孚有りて命を改めれば、吉。〕

【九五。大人虎変。未レ占有レ孚。】〔九五。大人虎変す。未だ占はずして孚有り。〕

【上六。君子豹変。小人革レ面。征凶。居レ貞吉。】〔上六。君子豹変す。小人は面を革む。征けば凶。貞しきに居れば吉。〕

鼎 ䷱

【鼎、元吉。亨。】〔鼎は元吉。亨る。〕

【初六。鼎顛レ趾。利レ出レ否。得レ妾以二其子一。无レ咎。】〔初六。鼎、趾を顛にす。否を出すに利し。妾を得て其の子を以てす。咎无し。〕

【九二。鼎有レ実。我仇有レ疾。不二我能一レ即。吉。】〔九二。鼎に実有り。我が仇に疾有り。我に即く能はず。吉。〕

【九三。鼎耳革。其行塞。雉膏不レ食。方レ雨虧レ悔。終吉。】〔九三。鼎の耳革まる。其の行塞がる。雉の膏食はれず。方に雨ふらんとして悔いを虧く。終に吉。〕

【九四。鼎折レ足、覆二公餗一。其形渥。凶。】〔九四。鼎、足を折り、公の餗を覆す。其の形渥たり。凶。〕

【六五。鼎黄耳金鉉。利レ貞。】〔六五。鼎、黄耳金鉉あり。貞に利し。〕

【上九。鼎玉鉉。大吉无レ不レ利。】〔上九。鼎、玉鉉あり。大吉にして利しからざる无し。〕

震 ䷲

【震、亨。震来虩虩。笑言唖唖。震驚二百里一、不レ喪二匕鬯一。】〔震は亨る。震の来るとき虩虩たり。笑言唖唖たり。震百里を驚かすも、匕鬯を喪はず。〕

【初九。震来虩虩。後笑言唖唖。吉。】〔初九。震の来るとき虩虩たり。後に笑言唖唖たり。吉。〕

【六二。震来厲。億喪レ貝、躋二于九陵一。勿レ逐。七日得。】〔六二。震の来るとき厲ふし。億りて貝を喪ひ、九陵に躋る。逐ふこと勿れ。七日にして得ん。〕

【六三。震蘇蘇。震行无レ眚。】〔六三。震蘇蘇たり。震行、眚无し。〕

【九四。震遂泥。】〔九四。震遂に泥む。〕

【六五。震往来厲。億无レ喪レ有レ事。】〔六五。震して往来す。厲ふし。億りて事有るを喪ふ无れ。〕

【上六。震索索。視矍矍。征凶。震不レ于二其躬一、于二其隣一、无レ咎。婚媾有レ言。】〔上六。震索索。視ること矍矍。征けば凶。震すること其の躬に于てせず。其の隣に于てす。咎无し。婚媾、

言有り。〕

艮 ䷳

【艮㆓其背㆒、不㆑獲㆓其身㆒。行㆓其庭㆒、不㆑見㆓其人㆒。无㆑咎。】〔其の背に艮まりて、其の身を獲ず。其の庭に行きて、其の人を見ず。咎无し。〕

【初六。艮㆓其趾㆒。无㆑咎。利㆓永貞㆒。】〔初六。其の趾に艮まる。咎无し。永貞に利し。〕

【六二。艮㆓其腓㆒。不㆑拯其随。其心不㆑快。】〔六二。其の腓に艮まる。拯はずして其れ随ふ。其の心快からず。〕

【九三。艮㆓其限㆒。列㆓其夤㆒。厲薫㆑心。】〔九三。其の限に艮まる。其の夤を列く。厲ふきこと心を薫く。〕

【六四。艮㆓其身㆒。无㆑咎。】〔六四。其の身に艮まる。咎无し。〕

【六五。艮㆓其輔㆒。言有㆑序。悔亡。】〔六五。其の輔に艮まる。言に序有り。悔い亡し。〕

【上九。敦㆑艮。吉。】〔上九。艮まるに敦し。吉。〕

漸 ䷴

【漸。女帰吉。利㆑貞。】〔漸は女帰いで吉。貞に利し。〕

【初六。鴻漸二于干一。小子厲。有レ言无レ咎。】〔初六。鴻干に漸む。小子厲ふし。言有れども、咎无し。〕

【六二。鴻漸二于磐一。飲食衎衎。吉。】〔六二。鴻磐に漸む。飲食衎衎たり。吉。〕

【九三。鴻漸二于陸一。夫征不レ復、婦孕不レ育。凶。利レ禦レ寇。】〔九三。鴻陸に漸む。夫征きて復らず。婦孕みて育せず。凶。寇を禦ぐに利し。〕

【六四。鴻漸二于木一。或得二其桷一。无レ咎。】〔六四。鴻木に漸む。或は其の桷を得れば、咎无し。〕

【九五。鴻漸二于陵一。婦三歳不レ孕。終莫二之勝一。吉。】〔九五。鴻陵に漸む。婦三歳孕まず。終に之に勝つこと莫し。吉。〕

【上九。鴻漸二于陸一。其羽可二用為一レ儀。吉。】〔上九。鴻陸（逵）に漸む。其の羽用て儀と為すべし。吉。〕

帰妹 ䷵

【帰妹、征凶。无レ攸レ利。】〔帰妹は征けば凶。利しき攸无し。〕

【初九。帰レ妹以レ娣。跛能履。征吉。】〔初九。妹を帰ぐに娣を以てす。跛能く履む。征けば吉。〕

【九二。眇能視。利二幽人之貞一。】〔九二。眇にして能く視る。幽人の貞に利し。〕

【六三。帰レ妹以レ須。反帰以レ娣。】〔六三。妹を嫁ぐに須を以てす。反り帰ぐに娣を以てす。〕

【九四。帰レ妹愆レ期。遅帰有レ時。】〔九四。妹を帰ぐに期を愆る。遅く帰げば時有り。〕

【六五。帝乙帰レ妹。其君之袂、不レ如二其娣之袂良一。月幾レ望。吉。】〔六五。帝乙 妹を帰ぐ。其の君の袂は、其の娣の袂の良きに如かず。月望に幾し。吉。〕

【上六。女承レ筐无レ実、士刲レ羊无レ血。无レ攸レ利。】〔上六。女筐を承けて実无く、士羊を刲くに血无し。利しき攸无し。〕

豊 ䷶

【豊、亨。王仮レ之。勿レ憂。宜二日中一。】〔豊は亨る。王之に仮る。憂ふる勿れ。日中に宜し。〕

【初九。遇二其配主一。雖レ旬无レ咎。往有レ尚。】〔初九。其の配主に遇ふ。旬と雖も咎无し。往けば尚ばるる有り。〕

【六二。豊二其蔀一。日中見レ斗。往得二疑疾一。有レ孚発若。吉。】〔六二。其の蔀を豊にす。日中斗を見る。往けば疑疾を得ん。孚有りて発若たれば、吉。〕

【九三。豊二其沛一。日中見レ沫。折二其右肱一。无レ咎。】〔九三。其の沛を豊にす。日中沫を見る。其の右の肱を折る。咎无し。〕

【九四。豊二其蔀一。日中見レ斗。遇二其夷主一。吉。】〔九四。其の蔀を豊にす。日中斗を見る。其の夷主に遇ふ。吉。〕

【六五。来レ章、有㆓慶誉㆒。吉。】〔六五。章を来せば、慶誉有り。吉。〕

【上六。豊㆓其屋㆒、蔀㆓其家㆒。闚㆓其戸㆒、闃其无レ人、三歳不レ覿。凶。】〔上六。其の屋を豊にす。其の家を蔀にす。其の戸を闚ふに、闃として其れ人无し。三歳覿ず。凶。〕

旅 ䷷

【旅、小亨。旅貞吉。】〔旅は小し亨る。旅は貞なれば吉。〕

【初六。旅瑣瑣。斯其所レ取レ災。】〔初六。旅して瑣瑣たり。斯れ其の災を取る所なり。〕

【六二。旅即レ次、懐㆓其資㆒。得㆓童僕貞㆒。】〔六二。旅して次に即き、其の資を懐く。童僕の貞を得たり。〕

【九三。旅焚㆓其次㆒、喪㆓其童僕㆒。貞厲。】〔九三。旅して其の次を焚き、其の童僕を喪ふ。貞なれども厲ふし。〕

【九四。旅于レ処、得㆓其資斧㆒。我心不レ快。】〔九四。旅して処に于てす。其の資斧を得。我が心快からず。〕

【六五。射レ雉、一矢亡。終以誉命。】〔六五。雉を射て一矢亡ふ。終に以て誉命あり。〕

【上九。鳥焚㆓其巣㆒。旅人先笑、後号咷。喪㆓牛于易㆒。凶。】〔上九。鳥其の巣を焚かる。旅人先には笑ひ、後には号咷す。牛を易に喪ふ。凶。〕

巽 ䷸

【巽。小亨。利㆑有㆑攸㆑往。利㆑見㆓大人㆒。】〔巽は小し亨る。往く攸有るに利し。大人を見るに利し。〕

【初六。進退。利㆓武人之貞㆒。】〔初六。進退す。武人の貞に利し。〕

【九二。巽在㆓牀下㆒。用㆓史巫㆒紛若。吉无㆑咎。】〔九二。巽ひて牀下に在り。史巫を用ふること紛若たり。吉にして咎无し。〕

【九三。頻巽。吝。】〔九三。頻りに巽ふ。吝。〕

【六四。悔亡。田獲㆓三品㆒。】〔六四。悔い亡し。田して三品を獲。〕

【九五。貞吉。悔亡。无㆑不㆑利。无㆑初有㆑終。先㆑庚三日。後㆑庚三日。吉。】〔九五。貞なれば吉。悔い亡し。利しからざる无し。初め无くして終り有り。庚に先だつこと三日。庚に後るること三日。吉。〕

【上九。巽在㆓牀下㆒。喪㆓其資斧㆒。貞凶。】〔上九。巽って牀下に在り。其の資斧を喪ふ。貞なれども凶。〕

兌 ䷹

【兌。亨。利㆑貞。】〔兌は亨る。貞に利し。〕

【初九。和兌。吉。】〔初九。和して兌ぶ。吉。〕
【九二。孚兌。吉悔亡。】〔九二。孚あり兌ぶ。吉にして悔い亡し。〕
【六三。来兌。凶。】〔六三。来り兌ぶ。凶。〕
【九四。商兌。未レ寧、介疾有レ喜。】〔九四。商りて兌ぶ。未だ寧んぜず。介疾、喜び有り。〕
【九五。孚二于剝一。有レ厲。】〔九五。剝に孚あり。厲ふきこと有り。〕
【上六。引兌。】〔上六。引いて兌ぶ。〕

渙 ䷺

【渙、亨。王仮二有廟一。利レ渉二大川一。利レ貞。】〔渙は亨る。王有廟に仮る。大川を渉るに利し。貞に利し。〕
【初六。用拯。馬壮。吉。】〔初六。用て拯ふ。馬壮んなり。吉。〕
【九二。渙奔二其机一。悔亡。】〔九二。渙するとき其の机に奔る。悔い亡し。〕
【六三。渙二其躬一。无レ悔。】〔六三。其の躬を渙す。悔い无し。〕
【六四。渙二其群一。元吉。渙有レ丘。匪二夷所レ思。】〔六四。其の群を渙す。元吉。渙するとき丘まる有り。夷の思ふ所に匪ず。〕
【九五。渙汗二其大号一。渙王居无レ咎。】〔九五。渙するとき其の大号を汗にす。渙するとき王居りて

咎无し。〕

【上九。渙二其血一。去逖出。无レ咎。】〔上九。其の血を渙す。去って逖く出づ。咎无し。〕

節 ䷻

【節、亨。苦節不レ可レ貞。】〔節は亨る。苦節は貞くすべからず。〕

【初九。不レ出二戸庭一。无レ咎。】〔初九。戸庭を出でず。咎无し。〕

【九二。不レ出二門庭一。凶。】〔九二。門庭を出でず。凶。〕

【六三。不二節若一。則嗟若。无レ咎。】〔六三。節若せざれば、則ち嗟若す。咎无し。〕

【六四。安節。亨。】〔六四。安節す。亨る。〕

【九五。甘節。吉。往有レ尚。】〔九五。甘節す。吉。往いて尚ばるる有り。〕

【上六。苦節。貞凶。悔亡。】〔上六。苦節す。貞なれば凶。悔い亡し。〕

中孚 ䷼

【中孚、豚魚。吉。利レ渉二大川一。利レ貞。】〔中孚は豚魚なり。吉。大川を渉るに利し。貞に利し。〕

【初九。虞吉。有レ它不レ燕。】〔初九。虞吉。它有れば燕からず。〕

【九二。鳴鶴在レ陰。其子和レ之。我有二好爵一。吾与レ爾靡レ之。】〔九二。鳴鶴陰に在り。其の子之に

和す。我に好爵有り。吾爾と之を靡さん。〕

【六三。得レ敵。或鼓或罷、或泣或歌。】〔六三。敵を得たり。或は鼓し或は罷み、或は泣き或は歌ふ。〕

【六四。月幾レ望。馬匹亡。无レ咎。】〔六四。月望に幾し。馬匹亡ぶ。咎无し。〕

【九五。有レ孚攣如。无レ咎。】〔九五。孚有りて攣如たり。咎无し。〕

【上九。翰音登二于天一。貞凶。】〔上九。翰音天に登る。貞なるも凶。〕

小過 ䷽

【小過、亨。利レ貞。可二小事一、不レ可二大事一。飛鳥遺二之音一。不レ宜レ上、宜レ下。大吉。】〔小過は亨る。貞に利し。小事に可にして、大事に可ならず。飛鳥之が音を遺す。上るに宜しからず、下るに宜し。大吉。〕

【初六。飛鳥以凶。】〔初六。飛鳥以て凶。〕

【六二。過二其祖一、遇二其妣一。不レ及二其君一、遇二其臣一。无レ咎。】〔六二。其の祖を過ぎ、其の妣に遇ふ。其の君に及ばず、其の臣に遇ふ。咎无し。〕

【九三。弗二過防一レ之、従或戕レ之。凶。】〔九三。過ぎて之を防がずんば、従って或は之を戕ふ。凶。〕

【九四。无レ咎。弗レ過遇レ之。往厲。必戒。勿レ用。永貞。】〔九四。咎无し。過ぎずして之に遇ふ。往けば厲ふし。必ず戒む。用ふる勿れ。永貞なれ。〕

【六五。密雲不レ雨。自二我西郊一。公弋取二彼在レ穴。】〔六五。密雲雨らず。我が西郊自りす。公弋して彼の穴に在るを取る。〕

【上六。弗レ遇過レ之。飛鳥離レ之。凶。是謂二災眚一。】〔上六。遇はずして之を過ぐ。飛鳥之を離る。凶。是を災眚と謂ふ。〕

既済 ䷾

【既済、亨小。利レ貞。初吉、終乱。】〔既済は亨る、小なり。貞に利し。初めは吉、終りは乱る。〕

【初九。曳二其輪一、濡二其尾一。无レ咎。】〔初九。其の輪を曳く。其の尾を濡す。咎无し。〕

【六二。婦喪二其茀一。勿レ逐。七日得。】〔六二。婦其の茀を喪ふ。逐ふこと勿れ。七日にして得ん。〕

【九三。高宗伐二鬼方一。三年克レ之。小人勿レ用。】〔九三。高宗鬼方を伐つ。三年にして之に克つ。小人は用ふる勿れ。〕

【六四。繻有二衣袽一。終日戒。】〔六四。濡るるに衣袽有り。終日戒む。〕

【九五。東隣殺レ牛、不レ如三西隣之禴祭。実受二其福一。】〔九五。東隣の牛を殺すは、西隣の禴祭して、実に其の福を受くるに如かず。〕

【上六。濡二其首一。厲。】〔上六。其の首を濡す。厲ふし。〕

未済 ䷿

【未済、亨。小狐汔済。濡二其尾一。无レ攸レ利。】〔未済は亨る。小狐汔ど済る。其の尾を濡す。利しき攸无し。〕

【初六。濡二其尾一。吝。】〔初六。其の尾を濡す。吝。〕

【九二。曳二其輪一。貞吉。】〔九二。其の輪を曳く。貞にして吉。〕

【六三。未済。征凶。利レ渉二大川一。】〔六三。未済征けば凶。大川を渉るに利し。〕

【九四。貞吉。悔亡。震用伐二鬼方一。三年有レ賞二于大国一。】〔九四。貞なれば吉。悔い亡し。震ひ用ひて鬼方を伐つ。三年にして大国に賞せらるること有り。〕

【六五。貞吉。无レ悔。君子之光。有レ孚。吉。】〔六五。貞なれば吉。悔い无し。君子の光あり。孚有りて吉。〕

【上九。有レ孚二于飲酒一。无レ咎。濡二其首一、有レ孚失レ是。】〔上九。飲酒に孚有れば咎无し。其の首を濡せば、孚有れども是を失ふ。〕

響(五来欣造) 41
酒中十詠序 18
荀子 55,68
照心詩話(安岡正篤) 16
書経 147
進学解 27
聖主得賢臣頌 18
碩鼠漫筆(黒川春村) 80
荘子 42
宋代易学の研究(今井宇三郎) 38,43,73
宋名臣言行録(宋・朱熹編／李功武補輯) 109

〔タ行〕

大学 54,127,193
太極図説(周濂渓) 43
太極図説解(朱子) 43
中国上代陰陽五行思想の研究(小林信明) 30,38
中国善書の研究(酒井忠夫) 29
中国的実在観の研究(木村英一) 38
中庸 43,44
童渓易伝(宋・王宗伝) 110
東西の契合—世界融会に関する探求(F.S.C.Northrop.) 33
読書纂余(狩野直喜) 38

〔ナ行〕

日本植物図鑑(牧野富太郎) 50

〔ハ行〕

白楽天の詩 47
白虎通 18
Heretics 129
風俗通義(漢) 204
本草綱目 50

〔マ行〕

夢中問答(足利直義・夢窓国師) 23
孟子 56,153,181

〔ラ行〕

礼記 53,123,151
歴史の研究(Study of History) A.Toynbee:(縮尺本,社会思想研究会出版部) 34
列子 42,56
論衡 47
論語 27,52,53,56,101,122,129,146,181
老子 42,56,72,73

引用文献索引

〔ア行〕

愛と実存(ベルヂャーエフ) 176
Ando Sohoeki and the Anatomy of Japanese Feudalism(岩波新書,忘れられた思想家上・下)(E.HerbertNoman) 31
安藤昌益と自然真営道(渡辺大濤) 31
緯書一秘書説 57
陰騭録の研究(西沢嘉朗) 29
「易緯」乾鑿度 56
易字攷(葛城学蒼) 57
易伝(程伊川) 74,110,159
易と中庸の研究(武内義雄) 43,55,73,110
易の新研究(藤村与六) 41,62,72,91,159
易翼伝(鄭汝諧) 89
易林(漢・焦延寿) 59
淮南子 27
袁了凡先生家庭四訓簡註 29
王陽明の詩 132,135

〔カ行〕

格致鏡原(清・陳元龍) 57
漢方治療(荒木正胤) 23
漢書一七二本伝 72
近思録 34
牛肉と馬鈴薯(国木田独歩) 15
Great Chaine of Being (A.O.Lovejoy) 21
経伝釈詞(清・王引之) 103
経義述聞(清・王引之) 151
皇極経世易知(清・何夢瑤集釈) 32
国史略 71
古文尚書 80
暦の話(平山清次) 37

〔サ行〕

左海全集(清・陳寿祺) 56
佐藤一斎の詩 128
左伝 52,55,56,68,70,80,187
参同契一虞注 57
史記 37,147
詩経 53,56,151
周易(鈴木由次郎) 52,53,72
周易義証類纂(聞一多) 74
周易訓解(宋・蔡淵) 143
周易集注(来知徳) 74,202
周易正義 76
周易注(呉・姚信) 195
周易本義(朱子) 81
周易本義纂註附録(元・胡一桂) 91
周礼一天官 43
周礼一地官 151
儒教の独逸政治思想に及ぼせる影

六十四卦　24,41,51,57,59,60,64,
184,206
扐に掛く　69
鹿門山　18
ロマノフ王朝　125
魯論　53
和して兌(よろこ)ぶ　192
渡辺大濤　31
渡辺千春　51,75

明夷(地火明夷)　61,149
明治維新　173
明と盟　113
冥謙　109
冥升　169
冥豫　112
迷復　127
鳴鶴　201
鳴謙　108,19
メチ ニコフ　19
めど(めどはぎ)　50
面に見れ　180
蒙(山水蒙)　60,88,115,158

〔ヤ・ユ・ヨ〕

約象　66,153,187,201,202
山片蟠桃　41,55
山脇東洋　23
幽王　48
幽情　32,33
有命　104
有丘を渙す　195
由豫　111
豫(雷地豫)　61,110
用九　83
用六　83,87
用輸　166
楊貴妃　164
姚(よう)信　195
姚祟　164
姚配中　52
吉益東洞　23

〔ラ・リ〕

来知徳　74,202
来兌　192
ライプニッツ　41
羅欽順　168
利　80
履(天沢履)　60,66,98
離(離為火)　61,122,136
理於義　28
陸象山　43
陸績　174
六と九　41
李至　109
麗沢　191
略筮　69
龍　81
旅(火山旅)　62,188
旅次　189
両儀　57,58
臨(地沢臨)　61,71,116,117,126

〔レ・ロ・ワ〕

霊　48
麗　136
厲王　47
暦書　37
連山　52
聯卦　41,62
老陰　41,58
老陽　41,58
六画　51

孚兌　192
復(地雷復)　61,126,164,179
復礼　146
伏羲(庖羲)　39,51
武王　46,47,147,150,173
武庚　46,47
物　151
聞一多　74,91,96,99,101,102,117,148,174,194,198,201
文王　39,46,51,52,54,113,149,150,169
文言伝　54,56,81,85,86
汾水　45,46
豶豕　131

〔ヘ・ホ〕

平王　48
変易　55,56
変卦　60
ベネシュ　125
ベルチャーエフ　175
方　205
方位　39
方正学(孝孺)　198
方に居る(らしむ)　205
方を易えず　141
豊(雷火豊)　62,186
蔀　187
包羞　104
包荒　101
包蒙　90
朋盍簪　111
朋亡　101
卜経　49
本卦　60,62,70,204
本筮　69
穆王　47
墨坼(たく)　49
拇　140,156
拇を解く　156
奔其机　194

〔マ・ミ・ム〕

孚(まこと)　71,91,92,101,107,113,146,148,152,153,160,161,168,172,173,192,193,200,201,206
速(まね)かざる客　92
みこと(命)　25
未済(火水未済)　62,204,205
道　16,25
密雲不雨　97,203
ミトコンドリア　24
民極　43
無極　24,42,43,59
夢窓国師　23
ムッソリーニ　163
无妄(天雷无妄)　61,128
无妄に動く　129

〔メ・モ〕

命　25,170
命数　24,26
命名　25
命運　25

遯(天山遯)　61,143
遯翁　145
遯斎　145
遯庵　145
敦復　127
敦臨　71,118
豚魚　200

〔ナ・ニ・ノ〕

中井誠之(甃庵)　172
二簋用て享むべし　157
二元算術　41
ニコライ二世　125
ニコラス・クザヌス　40
ニュートン　56
ノースロップ　33
ノーマン(ヘルバート)　31

〔ハ〕

パール(トーマス)　20
沛　187
沫　187
馬融　109
配主　186,188
陪鼎　177
剝(山地剝)　61,66,87,124,181
白賁　124,150
白馬翰如　123
白楽天　47
八卦　39,51,57～59,63
林羅山　17
皤如　123
盤庚　45

〔ヒ〕

比(水地比)　60,96,107,167
否(天地否)60,102,104,144,145,159,167
否之匪人　102
賁(山火賁)　121,132,150
賁如　123
皮日休　18
匕鬯　178
ヒットラー　163
ひもろぎ　69
肥遯　145
馮河　100,101
豹変　174,175
飛龍　82,83
牝馬の貞　84
頻復　126

〔フ〕

フーヴェ　41
プラトー　40
巫　49,52,190
巫咸　49
巫師　49
缶を鼓す　137
不易　55,56
不可栄以禄　103
不遐遺　101
伝説　45,150
孚号　161

彖辞 52
彖伝 54
男女の卦 184
段玉裁 57

〔チ〕

チェスタートン・G・K 129
チャーチル 125
チャトレイ 31
知性と情性 32
中 30,31,43
中以自考 127
中爻 64,97,117,134,136,159,189,199,202
中行独復 126
中性微子 42
中孚(風沢中孚) 62,200,202
中立 44
繇 49,52
紂王 46,47,113,150
屯(水雷屯) 60,87,160,204
兆 49
重耳(文公) 70
懲忿窒欲 157
直方 86
陳元龍 57
陳寿祺 56

〔ツ・テ〕

通塞 198
貞 49,80,192
鼎(火風鼎) 60,62,176
鼎鉉 177
鼎新 176
鼎足 177
娣 185
程明道 34
帝乙 101,185
鄭汝諧 89
羝羊 146
覿面提示 23
天人合一 17,28
天地の大徳 18,19
天命 25,104,128,166
天籟 16
天を楽しみ命を知る 17,29
顛頤 132

〔ト〕

トインビー・A 34,75
ドゴール 125
ドフネル 20
ドラーケンバーク 20
東夷(人方) 45
湯王 113,173
道術 197
道徳 18,22,28,33,81,90～92,133,139,157,196,199
童観 119
童牛 131
童能霊(寒泉) 172
童蒙 89
滕口説 140
同人(天火同人) 61,66,105

井冽　172
筮　50
筮法　50,68～70
正位凝命　176
正と不正　64
成王　46,47,147
噬嗑(火雷噬嗑)　61,120
噬膚　154
制義　142
西洋文明と東洋文明　33,34
碩果　125
鼫鼠　148
釈名　37
説卦伝　27,28,39,54,59,153,160
積中　107
節(水沢節)　62,71,135,196
折獄致刑　186
折中　44,74,81,186
celestial passion　16,17
善　25
善の長　81
禅　23
漸(風山漸)　62,182
宣王　48
銭啓新　200
先庚後庚　191
先甲三日,後甲三日　114
占辞　49,81,85,168,189
占例　68
潜龍　82
全彦　145

〔ソ〕

綜卦　60,116,155,159,163,180,196,205
造化　16,24～26,28,29,31,32,34,43,56,58,66,81,84,85,100,130,204
蘇々　179
其の夷主に遇う　188
素履　99
損(山沢損)　62,157,158,201
損軒　161
巽(巽為風)　62,190
孫夏峰(奇逢)　200

〔タ〕

兌(兌為沢)　62,191
ダイレプタス　19
ダーウィン　21
泰(地天泰)　60,100,104,126,146,158
大有(火天大有)　61,66,106
大過(沢風大過)　61,133,170,196,202
大観　119
大号　195
大作　159
大象　54
大耋の嗟　137
大成の卦　59,63
大壮(雷天大壮)　61,126,146,162
大畜(山天大畜)　61,130
太極　24,42,43,57～60,69
高橋泥舟　125
坼(たく)　49

シリコン 30
酌損 157
需(水天需) 60,90
周 45〜48,52,113,169,179
周易 52,53
周公旦 46,47,52,54,73,147
周濂渓 42
甃庵 172
習坎 134
終朝三褫之 94
十翼 43,54
十干十二支 36,37,114,173
主観と客観 33
宿命 26,28
朱子 41,4381,102,143,145,203
旬 186,187
浚恒 142
商 16,45
商兌 192
頌 49
象辞 52,54
象数 55,172
象伝 54
訟(天水訟) 60,92
升(地風升) 62,168
小過(雷山小過) 62,201
小成の卦 58
小畜(風天小畜) 60,66,97,130,203
承・拠・乗・比 65
上帝 16
鄭玄 52,55,94
焦贛 59
召公奭(せき) 46
憧々往来 140
尚口乃窮 169
序卦伝 54,114,161,163,166,168,169,182,186,190,191,194,200,202
視履考祥 99
至臨 118
晋(火地晋) 61,112,125,147,182
震(震為雷) 62,78
信 189
沈起元 173
申侯 48
振恒 143
心中 44
仁而不親 153
神農 51

〔ス〕

随(沢雷随) 61,112
萃(沢地萃) 62,165
萃と比 167
数 16,26,40,50
数奇 26
鄒衍 35

〔セ〕

生 18,24
生数と成数 41
生動 18,20,24
性 25
性命 24,25
井(水風井) 62,135,171

康王 47
康侯 147
康叔 147
皇極 32,43
鎬京 46
洪荒 15,18
光亨 91
告公用圭 160
孔子 53,54,146
剛・柔 30,54,64
剛中 164
口説 140,141
鴻漸 182
高宗(武丁) 204
亢龍 83,163
孝享 166
五気 34
五行相生相剋説 34
五徳 35
互卦 66,87,90,91,106,115,144,175,190,204
互体 66,182,187
互性活真 31
古公亶父(太王) 46,179
顧亭林 173
虎変 174,175
暦(歴・こよみ) 37,173
坤(坤為地) 60,61,84
困(沢水困) 62,133,169
困蒙 90,158
艮(艮為山) 62,180

〔サ〕

蔡淵(蔡節山) 143
蔡叔 46
左次 95
錯卦 60〜62,107,114,133,154,157,164
佐久間象山 71
佐藤一斎 74,95,128
雑卦伝 54,93,176,186,192,203
三才 63
三舟(高橋泥舟・山岡鉄舟・勝海舟) 125
三人行けば 158
酸とアルカリ 30,32

〔シ〕

蓍 50,51
師(地水師) 60,94
史 190
自強(彊) 81,85
自慊 26,29,193
自得 29,112
自然と道徳 18
死機と活機 23
四象 57,58
子路 53
治中 33
時中 44
疾貞 150
シャーマニズム 49
シュワイツァー 19

亀卜 49,50
義方 86
義の和 81
義を制す 142
丘頤 132
休復 126
休命 106
顒若 118
机と杭 194
虚受人 139
許慎 57
ギルダー 16
金矢 121

〔ク〕

虞 200
虞翻 55,74,141
孔頴達 74
楠正成 179
苦節 71,196～199
国木田独歩 15
盱豫 111
黒川春村 80
君子は幾を見て作す 24

〔ケ〕

睽(火沢睽) 61,90,152,190
繫辞伝 42,50,54,59,81,169
啓蟄 155
敬直 86
傾否 104
覡 49
撃蒙 90
ケレンスキー 125
乾(乾為天) 60,61,66,79,163
謙(地山謙) 61,108,182
蹇(水山蹇) 62,154
元 79
元夫と兀夫 153
研幾 24
厳君平 72
犬戎 46,48,204
険且枕 135
倹徳 103
建文皇帝 26
言有物 151
見龍 82
莧陸 163

〔コ〕

蠱(山風蠱) 114
胡一桂 91
爻 63
爻言 55
亨 79
考 127
恒(雷風恒) 61,122,141,160
姤(天風姤) 62,66,144,163,175
項安世 95
黄以周 52
黄牛の革 144,174
黄裳 86
黄帝 18
黄離元吉 137

大石内蔵助 197
岡田寒泉 172
オルダス・ハックスリー 21

〔カ〕

夏 45
解(雷水解) 62,155
夬(沢天夬) 62,66,71,106,161
夬履 99
介石 111,193
介疾 192
華霞峯 183
嘉会 81
嘉遯 145
革(沢火革) 62,66,173
革面 175
革命46,66,70,73,173,175～178,197,198
郭沫若 51,113
卦爻 41,51,60,63,67,69,199
家人(風火家人) 61,151
化成 81,122,136,141
勝海舟 125
葛城学蒼 57
Kant 16
culturalandsocialdynamics 4
Kaleidoscopeoflife 4
観(風地観) 61,97,104,116,118,125
観光 119
坎(坎為水) 61,134
咸(沢山咸) 61,117,139,157
咸臨 117,118
渙(風水渙) 62,136,194
渙躬 195
渙丘 195
渙群 195
渙発 195
干支 36,37,39
桓公 36
翰 123,201
翰音 201
顔淵 129,146
乾胏 121
幹事 114
甘節 196～199
甘臨 118
寒泉 172
韓退之 27
艱貞 149

〔キ〕

機・幾 22
機を知る夫れ神か 24
気 30,34
鬼方 46,204,206
窺観 119
其形渥 177
撝謙 109
既済(水火既済) 62,64,203
岐山(西山) 46,113,169,179
箕子 150
期せざる所に赴く 128
帰蔵 52
帰妹(雷沢帰妹) 62,115,182,184,193

索　引

〔ア〕

アウガスチヌス　41
アリストテレス学派　40
足利尊氏　179
足利直義　23
足利義昭　70
安節　196,197
安藤昌益　31

〔イ〕

頤(山雷頤)　61,66,120,131,133,198
夷　56
夷主　188
夷と人　46
易簡　55
已日　173
一握　166
伊藤東涯　74,161
居徳則忌(忘)　162
殷　16,45,46,52,101,113,123,150,185,187,204
殷虚　36,50,73,205
殷の三仁　150
引吉　166,167
尹吉甫　48
允升　168
引兌　163
陰陽　29～31,34～36,39,40,43,53,54,60,73,97,113,123,139,141

〔ウ〕

禹　51
于食有福　101
宇都宮由的　145
運　25,99,180
運命　24～26,28,29,47
雲谷禅師　28

〔エ〕

易の六義　55
益(風雷益)　62,158
益軒(貝原益軒)　161
燕王棣　26,(197?)
遠民　175
袁了凡　28,29

〔オ〕

王引之　103,151
王季　46
王姜(邑姜)　46,47
王宗伝　110
王弼　177
王褒　18
王陽明　43,132,135,170
王臣蹇々　155

ISBN978-4-89619-318-3

易学入門

昭和三十五年十一月 十 日 初版発行
令和 四 年十二月十八日 新版発行

著 者 安 岡 正 篤
発行者 佐 久 間 保 行
発行所 公益財団法人郷学研修所・安岡正篤記念館
〒355-0221 埼玉県比企郡嵐山町菅谷六七一
電 話 〇四九三―六二―三三七五
発売所 ㈱ 明 徳 出 版 社
〒167-0052 東京都杉並区南荻窪一-二五-三
電 話 〇三―三三三三―六二四七
振 替 〇〇一九〇-七-五八六三四

印刷・製本／（株）明徳

万一乱丁・落丁のありました節はお取り替え申し上げます。

安岡正篤著作選

全訳 為政三部書
A五上製二六三頁 二九、七〇〇円
ISBN978−4−89619−042−7
中国元朝の初期、動乱と圧政に苦しむ人民のために、人民のための政治とは、また為政者のあり方とは何かを、死を賭して忠告した名相張養浩の行政忠告書。定評高い訳注に原文・現代訳を付す。

東洋思想と人物
B六上製三四六頁 二、八六〇円
ISBN978−4−89619−012−0
孔子・墨子・楊子・荘子・韓非子など、東洋の代表的な思想の流れを尋ね、白楽天・耶律楚材・高青邱・曽国藩など、著者が深く共鳴心酔した先人の苦悩と感激を描いた往年の名著「支那思想及び人物講話」。

暁（ぎょうしょう）鐘
B六上製三〇二頁 二、七五〇円
ISBN978−4−89619−051−9
人生の日計と歳計／老朽・若朽防止法／現代の矛盾と解脱／時代と自己／東洋的生活／詩と偈と人／六韜三略より見た現代等、若い社会人や大学生を相手に人生と時代を語った往年の名講演記録九篇！

王陽明研究
B六上製二六〇頁 二、五三〇円
ISBN978−4−89619−006−9
知行合一の行動的哲学を打ち立て新生面を開いた、王陽明の波瀾に富んだ生涯と学説に、王学の祖と言われる陸象山の教学を加えて解説した、著者若き日の情熱溢れる名著。

陽明学十講
四六上製二九〇頁 二、六四〇円
ISBN978−4−89619−096−0
二松学舎大学陽明学研究所編／王陽明の書簡をはじめ、中江藤樹や山田方谷・河井継之助等の人物学問など、著者の陽明学に関する論講十篇を、著者の機関誌その他より集録編纂した好評書。

朝の論語
B六上製二三六頁 二、四二〇円
ISBN978−4−89619−043−4
著者が往年、ニッポン放送の朝の番組で連続講話した論語十九講。著者の得意な東西の思想哲学を引用しながら、現代生活に生きる孔子の道を描いて、聴衆を魅了した名講話。

東洋学発掘
B六上製二三〇頁 二、四二〇円
ISBN978−4−89619−107−3
往年の名著「老子と達磨」と「副論語」の合本。人間の堕落を恢復しようとした老子と真実の世界を求めた達磨禅とを興味深く語り、更に孔子の言行録「孔子家語」から感銘深い十章を講じた東洋の人間学！

新編 経世瑣言
四六上製二五二頁 二、六四〇円
ISBN978−4−89619−111−0
戦前戦後を通じ著者は一貫して政治家や企業人としての心構えや生き方を主張してきた。戦前の経世瑣言・続経世瑣言から、今日の厳しい国際社会に役立つリーダーに痛切な示唆を与える35篇を収録。

安岡正篤著作選

新憂楽志

四六上製二四四頁　二、四二〇円

ISBN978—4—89619—112—7

著者六十歳前後の円熟期に書かれた「憂楽志」と「醒睡記」から、透徹した史眼から人々に警醒を促した諸篇、豊かな詩情で自然や人生を語った小品等珠玉の五十一篇を拾集した人生随筆。

老荘思想

四六上製一七四頁　一、七六〇円

ISBN978—4—89619—092—2

無為自然を愛し、生活を芸術化し、精神の自由を標榜する老荘思想とは？　老・荘・列子等から人間や社会のあり方を考えさせる痛快な各章を紹介して老荘思想の本質をわかり易く解説した著者会心の名著。

古典を読む

A五上製三一〇頁　三、九五一円

ISBN978—4—89619—114—1

陽明学者の著者が、最も読書にふけった壮年期に金雞学院の月刊誌「東洋思想研究」に発表した、古典三十二篇の見どころ・勘どころを感激の筆で生き生きと解説・紹介した格調高い読書録十九篇。

人物・学問

B六上製二六二頁　二、六四〇円

ISBN978—4—89619—115—8

河井継之助の人と学問を描いた往年の名著「英雄と学問」を軸に、金雞学院で発表された中西淡淵と細井平洲、大漢帝国創成期の劉邦と項羽、漢末の袁紹に学問論の一篇を加えた定評高い人物論学問論。

光明蔵

B六上製二八八頁　二、八六〇円

ISBN978—4—89619—116—5

愛読した和漢の古典の名文を自在に編して成った「光明蔵」に、近代諸大家の警世の卓言を集めた「現代の道標」、更に著者の琴線に触れた名詩名作のみを選集した「名詩選釈」の三書を合わせた読書録。

政治と改革

四六上製二四五頁　二、三五〇円

ISBN978—4—89619—118—9

国民生活の禍福を左右するものが、一に政治の善悪、それに携わる者の人物如何にあることはいうまでもない。昭和初期の不況下に時代を深憂し、この根本問題を明快に説いた気魂の政治・人物論。

この国を思う

A五上製二二四頁　三、一九〇円

ISBN978—4—89619—132—5

日本人の失った魂の回復を願い、国の在り方、人の心得を説く安岡精神論。当社創業時に刊行した「日本の運命」、翌年の「祖国と青年」より編集し、さらに「斉家の学」「耕学清話」を加えた合本。

儒教と老荘

A五上製二五〇頁　三、三〇〇円

ISBN978—4—89619—140—0

旧来の漢学に慊らず、また西欧思想の盲目的流行を否定し、中国思想の本質を活学という視点から考究した儒・道自在の著者若き日の論文集。シナ思想の研究・老荘思想論等、全十八篇を収録する。